STEP INTO YOUR MOXIE

有话直说

一
〔美〕
亚历克西娅·弗农
(Alexia Vernon)
著

李庆丰
译
一

精准有效的高级沟通术

江苏凤凰文艺出版社
JIANGSU PHOENIX LITERATURE AND
ART PUBLISHING

图书在版编目（CIP）数据

有话直说：精准有效的高级沟通术 / (美) 亚历克
西娅·弗农 (Alexia Vernon) 著；李庆丰译. —— 南京：
江苏凤凰文艺出版社，2020.10
书名原文：Step Into Your Moxie
ISBN 978-7-5594-4693-0

Ⅰ.①有… Ⅱ.①亚… ②李… Ⅲ.①心理交往 - 语
言艺术 - 通俗读物 Ⅳ.①C912.13-49

中国版本图书馆CIP数据核字(2020)第049452号

著作权合同登记号：10-2020-363

copyright © 2018 by Alexia Vernon
First published in the United States of America by New World Library.

有话直说：精准有效的高级沟通术

〔美〕亚历克西娅·弗农　著　　李庆丰　译

责任编辑　李龙姣
策划编辑　王思杰
装帧设计　仙　境
出版发行　江苏凤凰文艺出版社
　　　　　南京市中央路 165 号，邮编：210009
网　　址　http://www.jswenyi.com
印　　刷　涿州市星河印刷有限公司
开　　本　880 毫米 × 1230 毫米　1/32
印　　张　8.75
字　　数　171 千字
版　　次　2020 年 10 月第 1 版
印　　次　2020 年 10 月第 1 次印刷
书　　号　ISBN 978-7-5594-4693-0
定　　价　42.00 元

江苏凤凰文艺版图书凡印刷、装订错误，可向出版社调换，联系电话025-83280257

谨以此书献给我的母亲——感谢您培养了我的文学细胞，给予了我勇气。如果没有您坚持认为我是独一无二的（哪怕是在我最落魄的时候），没有您坚持给予我一如既往的爱、支持和自由的空间，便没有现在的我。

目录

第十一章　有话直说，可以减少伤害

第十二章　别让你的努力，毁在羞于表达上

第十三章　实现对工作、生活和社群的改造

引 言

大约在10年前的某一刻，我突然意识到，我已经与那个真实的自己渐行渐远了。也许你也深有体会？或许你在努力取悦别人、努力给出别人想要的答案的时候，感到如履薄冰。又或许常常害怕达不到他人的期待受到责备，而心怀忐忑。

然而，内心深处偶尔也会有个声音在夜深人静时响起：你有一种迫切地想要被称赞和认可的需要，你知道你生来就是要为这个世界带来重大而积极的影响。不论是否如此，你坚信你正在用你的方式为世界留下诸如此类的财富，你很清楚你想要做得更多，说得更多，成就更多。

说到这里，也许你内心正在惊呼："我的天！是啊，这不就是我的想法吗？"要知道，这个世界上有这种想法的人不在少数。我绝大部分时间里，都是向其他女性提供职业和领导力方面的建议，但当我在周围人的注视下毫无保留地说出我内心的想法时，我仍会感到极度不适。同时，更令人沮丧的是，我参加过才艺秀，竞选过学生会，甚至还有美国妙龄小姐大赛（Miss

Junior America Pageant），均有所斩获，且成绩不俗。在如此
充满爱和特权的环境下长大，却让我经常感到内疚和尴尬。

我在工作中了解到，有太多的女性，无论其背景和享有的
特权如何，都像杰基尔医生（Dr. Jekyll）一样，在自我和海德
先生（Mr. Hyde）两个角色间徘徊，日复一日地和乖张的分裂
人格做着斗争。[①]一方面，我们想向世人展示我们该有的自信，
另一方面，内心深处却埋藏着种种不安，始终摇摆在自信和不
安之间，不是担心说心里话会遭人白眼，就是怕冒犯了哪位
大仙。

过去数年，发达国家接受高等教育的女性人数不断增加，
女性的薪水逐步提高，女性创业者与日俱增，竞选公职的女性
人数再创新高。尽管如此，随处可见的媒体、书刊及课程都在
教育女性，告诉她们要自信，要施展自己的影响力，连篇累牍，
不厌其烦。除了躲进殡仪馆的冷藏柜，恐怕没有哪位女性能够
避开这些纷扰。在过去的几年中，数百万女性为群体的利益发
声。但是，参加游行示威或在社交媒体上发声是一回事，而告

---

① 杰基尔医生和海德先生是英国作家斯蒂文森（Stevenson）的经典作品
《化身博士》中的人物。该书的主角是善良的杰基尔医生，他将自己作为实
验对象，结果却导致人格分裂，夜晚会化身为邪恶的海德，从而变成了一个
双重人格的人，最后杰基尔不得不以自尽来停止海德的作恶。这部著作曾经
被拍成电影、编成音乐剧，流传甚广。"杰基尔医生和海德先生"一词也成
了"双重人格"的代名词。——译者注

诉自己并实际上相信，你拥有为自己辩护的力量和能力，这是完全不同的另一回事，尤其是当你身处一个你周围的人都在共同维持现状的环境时。美国有线电视新闻网（CNN）、公共电视网（PBS）等多家新闻媒体纷纷预言 2018 年将是"女性崛起年"，但我们当中有多少人真正觉得自己有足够的勇气不断地发声，去说出真相，并为我们自己和我们所爱的人创造想要的未来？

这个世界上从来不乏向女性推销自己理念的专家，他们宣称能倡导社会变革，能帮助我们更成功地表达意见，能让我们在与自己对话时宽容自己，而不是一味自责。然而，在我和客户、和来听我的讲座或参加培训的女性（她们中有很多是企业家或职业女性）聊天的过程中，我常常听到相同的抱怨：我总是要么情不自禁疯疯癫癫地自言自语，要么就是和别人说话收不住。

无论我们多么自信满满，无论我们以何种姿势示人，不得不承认的是，大多数人都揣着自卑的心理，在人生的艰难旅途中踉跄前行。也正因此，我们还并没有充分发掘自身的潜能，收获人生的圆满。我们早就应该觅得一种新的范式，使我们能够正视性别歧视、种族歧视、阶级歧视以及其他林林总总、挥之不去的"歧视"。这种新的范式必须能给我们提供一种全面的方法，帮助我们培养一种思维模式和习惯，以改变我们与自己的沟通方式，并进而改变我们与世界的沟通方式。

何谓"健力"（Moxie）？

"健力"（Moxie）和精力（vigor）、气魄（verve）、锐气（pep）、勇气（courage）、胆量（nerve）、进取心（aggressiveness）、技巧（skill）以及智慧（know-how）都是近义词。直到 20 世纪 30 年代"健力"牌苏打水问世，"健力"一词才逐渐流行开来。事实上该词可追溯到 1876 年，当时"健力"的创始人奥古斯汀·汤普森医生（Dr. Augustin Thompson）开发并推广一款名为"健神食补"（Moxie Nerve Food）的保健药。汤普森声称自己的保健药可以治疗瘫痪、焦虑和失眠。我对此疑窦丛生，仿佛又听到学龄前的女儿告诉我，爸爸已经批准她可以再看半个小时的电视。（不过，汤普森医生，你真的很棒，不仅让那么多人相信了你的说法，还成功地为自己调制的饮品申请到了专利，打响了"健力"苏打水品牌。）

我喜欢"健力"一词，是因为它不仅蕴含着一种思维方式，还有一种能鼓舞人们大胆说出自己的想法，颠覆现状的感觉。而这也正是本书的主旨所在——让世界听见你的声音，看到你的身影，并因你而改变。如果你在工作中，在自己的朋友圈里，在生活上苦苦挣扎，这本书正是为你而写。我希望，在我们携手同行的旅程中，你能找到真正的自己，从今往后，你将有勇气推开任何一扇门，站上任何一个舞台，拿出你的"健力"，发出你的呐喊，而且能带动其他人加入我们的行列。

在我二十五六岁时，我下定决心将来要当一名职业培训师，于是报了一个培训班。培训班的老师问我们："你人生中所要回答的最重要的问题是什么？人生意义何在？"同学们一个个在纸上奋笔疾书，而我却像一个迷失在主题公园，需要大人指路的孩子。当老师让我起来回答这个问题时，我站起来，点头，傻笑："嗯……呃……噢……"直到几年后，我开办了自己的培训班，成了一名励志职场讲师，我才终于找到了答案。准确地说，是我和答案不期而遇。

有一次，我参加一个社会创新会议，要在闭幕式上做主旨演讲，我提前到了现场，正好赶上了媒体见面会。120多名参会者每人都有几分钟的时间来就如何用商业手段解决社会、经济和环境问题来献计献策。见面会开得很成功，大家畅所欲言。见面会结束时，大家票选最佳谏言人，然而投票结果令我难以置信，在这间年轻男女比例几近1:1的100多人会议室里，女性竟无一人上榜或获得提名。

我就像烧开的茶壶一样气得鼻子冒烟，逢人便问："到底怎么回事？女性也发言了呀，你们难道都听不见吗？"答案却像凉水一样浇醒了我，我突然意识到，我终于找到了那个我一直在回避的，关于人生意义为何这个问题的答案。

被问到的参会者无论男女都无一例外地告诉我，他们眼中的最佳发言人即是那些敢于直言，能够展示自信，勇于抢占资源和空间，不耻于自我表扬甚至自我吹捧，能够释放出个人魅力和领袖气质的人——而这些无一例外都是男性的性别特质。而当我再问及，"你认为谁的回答直击要害，更可行，能让你情不自禁想参与其中，和他一道共同解决这个问题？"时，无论是男性还是女性，都认为女性发言人在这方面做得更好。大家一致认为很多女性的回答击中了他们的内心，也更合情合理。女性的回答很真诚，她们认为是她们的切身体验赢得了人们的信任。她们甚至坦承，自己的回答自己也并不满意，她们自己还有很多要学习和改进之处。而这种坦率确实难以达到有效沟通的目的。

那一刻，我就像斗牛场上的公牛看到红披风一样兴奋。我突然明白了，原来自己和那间会议室里的参会人员并没有什么两样——一直以来我们都在贬低女性，贬低女性的交流能力，贬低女性的真实声音和感受。而都是以男性的性别特质作为衡量成功与否的标准，以缺乏自信、进取心、权威和尽其所能抢占资源和生存空间等男性特质来否定自我。那一刻，我告诉自己，我需要"健力"。我要激情澎湃地慷慨陈词，我要坚定地维护自己的观点和立场，我要既谦卑又诚恳，我要像西纳特拉

（Sinatra）那样——唱出自我，活出自我。①我想将男性特质和女性特质融为一体，这样才能更好地阐述自己的理念，才能为自己和自己的理念争得一席之地，才能让自己的故事被更多人听到，才能在提问时得到应有的尊重。这样，在你讲话时，才会有人会心地笑，在你讲到伤痛时，才会有人为你落泪。这就是我生下来要做的事！这就是我来到这个世界所要回答的问题：告诉其他人，尤其是女性，怎么和我一样，做到以上几点！

　　这场记者见面会改变了我的一生，为我的生命注满了活力。不到 3 个月的时间，我的女性演讲及领导艺术培训师的生涯再次经受洗礼，浴火重生——从此以后，我便一往无前、无惧无畏。在多年的职业生涯中，我给个人和团体都做过指导和职业培训，发表过主旨演讲，参加过也举办过研讨会、静修班，辅导过数万人，其中有经理人、企业家、培训师、心理医师、顾问以及一些刚刚崭露头角的行业领军人物，告诉他们如何在工作上和生意场上掷地有声，说话有分量，如何和朋友及家人有效沟通，如何在台前幕后以及镜头前侃侃而谈，而最重要的是，怎么和自己对话。"健力"这个词开始萦绕在我的心头，是在白宫公众参与办公室工作的一位作家因我在为女性赋能方面的工作而

---

① 西纳特拉，全名弗朗西斯·艾伯特·西纳特拉（Francis Albert Sinatra），1915 年生，美国歌手和演员。其成功演出颇多，包括《朝朝暮暮》和《夺标》；代表影片：《从此到永远》（1953），他因此片获得奥斯卡金像奖。——译者注

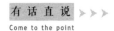
称我为"健力女侠"（Moxie Maven）之后，我开始更多地有意识地将为女性赋能的使命称为"勇敢迈出这一步，拥抱'健力'"。

想好了吗？让我们一起启程吧

开始着手写本书时，我刚辞掉了第一份全职工作，打算做一名专职演讲培训师。于是辞职后，我开始在当地的几所大学兼职讲授女性研究和公开演讲等课程，收入微薄，仅够补贴家用。其实，我那时候也没有多少可提供的建议。但是，在穿行于各校区之间的公交、地铁和轻轨的旅途中，我用潦草的笔迹在笔记本上记下那些我想和听众分享的经历和故事。这些笔记大多都收入了该书。现在想想，本书正是当初自己最需要读的书，正如我多次强调的那样，老师们所教授的知识，正是他们自己需要学习并且牢记在心的东西。

10多年后的今天，我也小有收获。我可以向你保证，如果你拿起这本书从头读到尾，客观地评价自己（若你觉得必要的话，也可以评价他人），将本书所讨论的原则运用到日常生活之中，你必定能拥抱"健力"。你将发出真实的声音，为自己和他人仗义执言。你的主张、见解以及你的贡献将被更多的人听见、看见和了解。你将不虚此生，为世人留下宝贵的财富。

不论你在"健力"曲线图上处于什么位置，也不论你的事

业是刚刚起步，还是每况愈下，我都建议你勤加练习（认真地
做好每章练习，不要装酷而拒绝成长和进步）、善于发现并勇
于实践。如果你发现某个故事、问题、练习或者是建议让你心
有所动，一定要认真思考为什么自己以前会忽略这个问题。

　　我们能从不适感中学到些什么？

　　不适感在向你召唤什么？

　　是治愈么？还是忘却？

　　它对于那个问题，那个我们来到世间要回答的问题，给了
我们什么样的启示？

　　我们赖以生存的光怪陆离而又奇妙的世界需要你的声音、
你的智慧以及你的聪明才智。因此我认为，要与"健力"共舞，
你不仅需要驾驭现实世界中客观存在的局限性，而且需要突破
某些自我设限。让"健力"成为我们的生活常态。

CHAPTER 1

第一章

赋能沟通

　　作为女性，我们所受的教育教会了我们凡事要温良恭俭让，把我们变得唯唯诺诺。要摒弃陋习，找回自信，我们可能需要接受多年的再教育。而要发出自己的声音，找回自由自在的感觉和状态则可能需要更长的时间。

——艾米·波勒（Amy Poehler）

　　上了三年级，牙齿问题俨然成了我的一场灾难。打一出生起，我就养成了吮吸拇指的坏习惯，还没长成花季少女，就先长出了一排大龅牙，上颚短浅，满嘴牙齿畸形。妈妈和牙医一致认为，必须立即采取措施。

　　首先，因为我有爱吐舌头的坏毛病，他们就给我准备了那个叫什么来着——舌头推力矫正器。先把两排带尖儿的金属架放在一个装置里，再把那个装置安放在我的上牙膛内。一吐舌头，就会被扎一下，安这玩意儿的目的就是要让舌头老老实实地别乱动。

　　其次，还要治龅牙。上牙膛内放了另一个装置来矫正下巴的位置，这件装置上有一个螺栓，每天我都要拧这个螺栓几次，以帮助下巴归位。

　　然后，还要戴牙套。看过牙医的小朋友似乎都要戴牙套吧？（顺带说一句，牙套上橡皮筋的颜色和眼镜颜色搭配好的话真的会很酷。所以，有好几年，在我的嘴巴和眼睛之间，一直漾着天青色。）

　　不仅如此，最后我还得戴牙齿矫正器。你肯定在想象它长什么样子，千万不要把我戴的那种和它的"姐妹装"搞混淆了。我戴的可不是套在脖子上好看的那种，恰恰相反，我戴的是绑在头上的，令我看着像个傻帽似的玩意儿。尽管部分绑带可以用头发遮住，但是大部分绷带就露在外面，招摇过市。

　　所以，重述一下，舌头推力矫正器、下颌矫正器、牙套、头套式牙齿矫正器，我可谓是全副武装。在这世界末日般的革面大改造后，所幸的是我存活了下来。可没过几天，我就接到了一个重要的任务——要做一场关于时事的演讲。我就像一个蹒跚学步的孩童害怕睡觉一样，对即将到来的演讲充满了恐惧。只不过我没有像小孩子一样发脾气，而是吓傻了，像有脱瘾症状的酒鬼，不停地浑身发抖。

　　这一天终于还是来了，演讲前的20分钟的等待更显得无比漫长。终于还是轮到我了。我吃力地走到教室前，望着三年级教室里人山人海的面孔，深深地吸了口气，便开始了演讲。但是，只感到嘴巴和金属质地的舌头推力矫正器一开一合，却听不到任何声音。

我闭上眼睛，深吸了一口气，决定从头再来。正在此时，我看到班里的同学们已经在座位上前仰后合，还颤抖着，似乎在极力控制着自己不断听到的增多的笑声。他们在笑话我！

我的心狂跳不止，我敢肯定甚至在 20 英里外都能听得见。与此同时，我感觉汗水开始顺着胳膊淌了下来，两股战战，可是我的话仍然被困住了。过了一会儿，我终于听见自己的声音了，尽管带着颤音，我还是艰难地说完了自己准备的内容。这时，我听到同学们又都笑出了声，泪水也流了出来。哎，要是说话也能像哭一样轻松就好了。那一刻，我发誓，以后再也不会让自己像今天这样被人羞辱了。遗憾的是，尽管我很努力，却依然没能兑现自己许下的誓言。

那天，我并没有真正下定决心以后不再强出头，也没有因为害怕打破现状就想以后少发声，也还没有想要一面取悦别人，一面私下里好好努力。但是，我敢百分之百肯定的是，因为这次残酷的演讲，我开始在心里自我认定：我是一个蹩脚的公众演讲者。多年来，只要我站在人群中，哪怕只是回答别人的一个问题，我的天哪，我的心都会怦怦直跳，浑身也直冒冷汗，心理活动的复杂程度足以让艾米·舒默（Amy Schumer）[1]也汗颜。

---

① 艾米·舒默（Amy Schumer），美国演员。她主持并主演的小品类综艺节目《艾米·舒默的内心世界》（*Inside Amy Schumer*）于 2015 年 9 月 21 日获得美国艾美奖。——译者注

当然，正如众所周知的故事一样，我的自我认定创造了我的现实。每次只要我在公共场合一开口，我身体的一部分就穿越到了第一次演讲，我的声音会颤抖、身体会发抖、脸憋得通红，语带哭腔。每当这一幕再现时，我就记录下来，满纸都述说着我的表达能力有多么蹩脚。

哎！越害怕丢脸，丢脸的事就越接踵而至。一次独舞表演时，我竟然在舞台上小便了。接着，在学校的嘉年华活动中，我又摔断了胳膊。种种意外，不一而足。很多时候，我恍惚觉得自己似乎是在参加"尴尬时刻大奖赛"（Most Embarrassing Moment Award），而自己却总能接二连三地斩获大奖。

在六年级升七年级的那个夏天，我转学到了太空学院（Space Academy），可事情却变得更糟了。我很喜欢数学和科学，所以父亲就托关系，希望太空学院能够破例，让我参加一个只有高年级的学生才能参加的青少年太空营项目（Space Camp program）。抛开年龄小不说，我成绩优异，一直都是A，并且学习刻苦，校方也就同意了。

我爱上了太空学院，但这份爱大概只持续了半天时间。项目刚开始，我们都参加了测试，来决定我们在当前的模拟发射任务中各自的角色。测试结果很快就公布了，我的成绩位列中游——鉴于和我一起参加测试的都比我大两三岁，这个成绩实属不易。但是，对于将学习成绩几乎等同于自身价值的12岁的我来说，这个成绩是无法令人满意的。

这个成绩意味着，在接下来的 4 天中，我将和另外几个"成绩平平"的学生分到一组。她们几个碰巧又是那种酷酷的女生，大都留着长发。在亨茨维尔（Huntsville）潮湿的气候里，我的一头棕发看上去就像刚刚在飓风里露宿过一样，但对她们的长发似乎毫无影响。她们带着甜美的南方口音，还一个个肤如凝脂，让我自惭形秽。哎，就说这些吧。

当着我的面，我的女队友对我还是挺友善的，每次挑选发射任务的同伴没人可选时，她们最后还是会选我。到了餐厅，排在最前面的女孩总是会给大家占座，却唯独没想到我。有一个晚上，睡在我下铺的女孩竟然拿着瑞士军刀顶在了对面床铺睡觉的女孩脸上。我目睹后，就吓得尿了，但是却只能躺在床上装睡。（这个插曲和我要讨论的正题无关，但是我之所以提到这段往事是希望你能明白，为什么我一回到家就根本不想回顾科学课所讲的内容。女队友、瑞士军刀和莫名其妙被吓尿的悲惨遭遇在我幼小的心中，无形之中和"我不喜欢科学"这个想法画上了等号。）

时间过得飞快，转眼就要毕业了。在太空学院的最后一天，我们小组的女生都在其他人的毕业纪念册上留了言。当我问她们是否愿意给我签字留言时，她们无一例外地说，"当然了！"可那热情却让我觉得痛苦，因为没有一个人邀请我在她们的毕业纪念册上签字留言。幸运的是，到吃午饭时我就知道了她们都不让我在她们的毕业纪念册上留言的原因了，可同时我也感觉自己成了最不幸的人。

既然是毕业前的最后一天，我决心在吃饭时和自己的女队友们坐在一起。所以午餐排队时，我插队先去占了个她们旁边的座位。就在我把毕业纪念本放在座位上时，我看到了旁边座位上放的一本毕业纪念册，就在那时我看到了把我的女队友们团结在一起的玩笑话。毕业纪念册里有每个同学的照片，而在我的照片的旁边有一行留言：

太好玩了，我们会永远记得我们的小长毛怪！

时至今日，仅仅打出"小长毛怪"（Little Hairy Beast）这几个字，我依然会觉得心灵深处仿佛挨了一记闷棍。当时我发现自己被称为"长毛怪"，并没有过度敏感，而是认为自己被孤立了，这也给了我勇气。和那些因为身材原因而自惭形秽的朋友不同，我意识到，自己很快就可以不用再当"长毛怪"了。

第二天上午一回到家，我立马钻进了母亲的化妆间，抓起了她的除毛器，把腿上的每一寸皮肤剃了个遍（甚至把肉皮都剃红了）。第二年，我又开始剃腋毛，刮胳膊上的汗毛，刮上嘴唇上零碎的体毛，剩下的我就不方便说了，当然你也能猜到啦。是的，我把剩下的也给剃了。

那次戴着头箍所做的演讲让我备感羞辱，其主要原因还是自己表现得太糟糕了。而在太空学院受到的羞辱当然是一种虐待，但是我没有认清自己，不知道自己该做什么，也不知道自己不该做什么。所以，在我十几岁，甚至二十几岁时，我就像那些用毒品来麻痹自己的"瘾君子"一样，渐渐地染上了情感麻木这种毒。我可以用剃体毛的方式暂时消灭天生的"长毛怪"（谢谢你们，来自东欧的有犹太血统的老爸和来自希腊的老妈），却阻挡不了几天后它们就旺盛如初。伴随着体毛而滋生的，是我对自己不断加深的憎恶，以及想要逃避的念头，而这种念头是无论刮了多少次体毛都无法割弃的。

直到二十五六岁时我还在用剃刀，不过，好在有几个男性朋友的帮助，我在高中和大学期间并没有受到太多羞辱。在 19 岁那年我获得了美国妙龄小姐大赛桂冠，但是在听到自己的名字的那一刻，我却愣了很长时间。当时我在想，莫不是《美国搞笑家庭录影集锦秀》（*America's Funniest Home Videos*）来现场搞抓拍？我实在不敢相信刚刚剃过体毛就上场的自己，竟然能在第一次参加选美大赛就夺得桂冠。

与人交流时，你的心里背负着怎样的故事（或经历）

我在演讲中讲述这些故事，并和那些为了知名度和关注度的客户分享，我知道，虽然自己有时看起来很古怪，但我的内心独白并不是，并不异常。有时候，我们最害怕被人看见的事情真的发生了。讲话会被人嘲笑，会被当面指责讲错了，被人指责不够聪明，不够有吸引力，不够搞笑，或者不配坐在那个位置。

在和客户或观众聊天时，谈起他们在沟通方面遇到的问题，我惊讶地发现，几乎每一个人（甚至那些像我一样受过良好教育，或者曾经在孩提时嘲笑过同班同学演讲的，或者在朋友背后说人坏话的）都曾经戴过头箍式牙齿矫正器，或被骂过是长毛怪。其结果是，她们往往陷入窘境，不得不为自己和自己的话语权辩护，却往往越描越黑。

但是，真正令人心碎的事情还在后面，你准备好了吗？

大部分人如何看待他们的声音取决于历史上的一两个时刻。在那一刻，或许他们勇敢地站出来发出了自己的声音，却没有得到他们想要的响应。或许他们选择了沉默，任由不公的事情发生。那些稍纵即逝的瞬间，往往会在不知不觉中，一遍又一遍地重演。我自己便有切身体会。尽管我曾多次展现自己"健力"的一面，但即便到了现在，同样的故事依然会在我身上发生。

在与人沟通时，你的心里背负着怎样的故事（或经历）？

请借此机会，坐下来，好好思考一下这个问题，然后把答案记在笔记本上。这是个非常重要的问题。除非你明白了是哪一次人生经历在决定你的自我对话机制，否则，讲再多的拥抱"健力"也不会对你有任何作用。因为只有求之于己、剖析自己，才能弄清楚阻隔在你和持久、强大的话语权这个目标之间的东西到底是什么，不然纸上的东西便只能治标而不能治本。

接下来，请对自己的那次经历进行评估。我不是指它的有效性。无论你所述的经历是真实的，有点真实的，明显不真实的，还是介于两者之间的，问问自己下面这个问题：

上述经历是否让你勇敢地站出来，让世界听到你的声音，看到你？

我建议重新打开笔记本，就这个问题，想到什么写什么。如果你的答案不是"当然了"（holy yes），那么是时候重写了。从本质上说，我们与世界的沟通方式均取决于与自己的沟通方式。我当然知道，这不是数学问题，不可能做到精确无误。谁让造化弄人，你也知道，因为腿毛的缘故，我才没走上科学这条路。

然而，事实可能并没有这么简单。语气坚定与否的差异形影参商。简单来说，其分歧如同我的那些信奉素食主义的朋友们，对于羽衣甘蓝派与昆诺阿藜派①一样水火不容。改变内在

---

① 羽衣甘蓝派和昆诺阿藜派是指素食主义者衍生的不同派系。其分野犹如中国豆腐脑的甜派和咸派，抑或是根据对各种月饼馅的好恶派生出的各种不同的吃货派。其特点是各派均视自己为正统，视其他派系为异端。——译者注

交流方式是可能的，通过反复地与自我对话，这样你就能站在"健力"的立场上来思考、感受和对话。遗憾的是，我们绝大多数人一心想着根除自我对话，不会再进一步剖析自己或他人的经历，分析这些经历是如何触发我们的自我对话的。而这样做的后果是，我们可能会这样肯定自己：

我内化于心，外化于形，我最美。腹有诗书气自华。

这，我也能做到。

我就是身披金甲圣衣的超级英雄。

我浑身充盈着爱。

虚张声势给了我力量！

这些自我评价本身当然也无所谓对错，只是它们通常不会持久。更不幸的是，伴随着这些评价而来的言谈举止往往会冲淡我们的"健力"，它可能会让我们膨胀起来。这种自信往往是自恋式的，而不是发自内心驱力的。它会让我们追求外在的成功，认为只要我们能够逐一实现梦想清单上的项目，最终我们必能拥抱"健力"。事实上，它却只会让我们迫不及待地寻求他人的认可——在这过程中，我们将离我们内心声音的呼唤越来越远。

就此止步吧，不要再说那些连我们自己也不相信的鬼话。因为幻想破碎时，你首先会在心理上刺痛自己，然后在身体上虐待自己，做出一些对自己毫无意义的傻事来。相反，让我们更进一步——我们也必将因此甘之若饴。让我们回忆并分享那些故事，它们可以引领我们走向最重要的交流——与自我对话。

找到与内心距离最近的时刻

在我们继续之前，请找到你的"到耶稣那里去"的时刻，因为接下来我们要做的练习和耶稣有关。必须要说的是，我始终希望耶稣能眷顾我，上帝能眷顾我。与上帝的对话曾帮助我度过了很多黑暗、艰难的时刻——在我们一道前行的路上，我将邀请你们参加其中的许多时刻。如果你对耶稣、对上帝以及任何宗教都很反感，或你觉得某些语句和你的信仰背道而驰，那么，你只需领会其中真义，无须计较个别词句，更无须板起脸来，气坏了身子。

试着回顾一下，你是否经历过"恍然大悟"的时刻，就是让你五体投地、心悦诚服、自愧不如的时刻，事后（因为在当时你肯定无暇细想）你才有可能意识到，那一刻在塑造你的声音、力量和韧性方面起到了很重要的作用——也可能你压根儿就没有（也许永远也不会）意识到这一点。无论你是像我一样长大的希腊东正教（Greek Orthodox）徒，还是像我爸爸一样的犹太教徒，还是佛教徒、穆斯林、印度教徒，无神论者，或者你有其他信仰，我相信你一定经历过某个时刻，那一刻你的信

第一章 ▶ ▶ ▶
赋能沟通

仰受到了检验——或许你只是不想在外人面前承认。这正是我
希望你思考的时刻。

好啦，闲言少叙。让我们一起努力，认真做我分享给大家
的"健力操"吧。我真心希望你能发自内心地说，"这不就是
我要找的书嘛。"

"健力"时刻：5R 法则

〔重拾（Recall）、重现（Relive）、重构（Reframe）、
释重（Release）和重新验证（Reapply）〕

说明：回忆 3—5 件使你重新认识自我、自身话语权、存在
感以及人生目标的重要经历（"到耶稣面前来"的时刻）。首先，
请在你的笔记本上重拾（Recall）这些重要经历。在左侧栏记
述这些经历，给它们命名，以帮助你唤醒记忆。重现（Relive）
事件，在右侧栏列举事件的基本细节，就像我重现自己当年做
时事主题的演讲以及我在太空学院的经历一样。请不要担心，
我不会让你一遍又一遍地重现过去。但是你必须深入其中才能
克服它，治愈它。

现在你已经回忆并重新体验了，请从中挑选一两件对你最
重要的事（使你成为现在的样子），重构（Reframe）这一两件
事。重构事件标志着你从还原阶段开始迈向学习、成长和恢复

韧性的阶段。诚然,我并不感激本章开头和你们分享的那些让我尴尬、退缩的时刻,但是我重构了它们,我把它们看作是为我作为一名培训师、演说者和作家所做的准备。确定你如何有意识地看待你的经历,能使我们的声音变得更强大,使我们获得更多的存在感。

若想将历次的重构铭刻于心,我们需要释重(Release),将那些让你对自己的重构半信半疑的思想、感受、信念以及习惯统统抛在一边。你要在你的笔记本上写下"释重"二字,悉数列举你能够放下的一切。对于我而言,我要放下的是童年时期在公开场合羞辱我的人,以及希望时光倒流,自己能像奥斯卡影后优雅地发表获奖感言这种不切实际的幻想。既然想放下一切,就尽情地让记忆自由翻滚吧。

接下来就是最后一步,重新验证(Reapply)环节。回忆你是如何一步步走到今天的,在经历了重构阶段的启蒙后,你又将如何面对未来。请不要仅仅列举你过去是怎么做,今后会怎么做(比如行为或行动),而是要把相关的考核验证措施也列出来,或许你已经有了一些考核措施,这就表明,你已经将自己的重构计划体现到了生活的方方面面。而本书的写作,正是我自己所做的一个规模宏大的重新验证。

问题与反思

1. 用"5R 法"回顾自己的工作,你有什么新的发现?

2. 你的经历对你的内心想法和你的外在言行产生了什么影响?

3. 坚持自我重构和释重以及重新验证会有什么收获?

4. 你还有哪些更加真实,也更能自我赋能的经历?

5. 如果反复徘徊于重拾和重现阶段,而迈不出下一步,将会付出什么代价?

一旦你能把阻碍"健力"的玻璃天花板说清楚,你就具备了打破玻璃天花板的能力。怎么打碎呢?通过养成强化自我认同并弱化自我否认的好习惯。这样你才能消除内心的恐惧和讲话时的紧张,从而展现出自己真正的口头表达能力。

我已经忘记自己是从何时开始逃避,同时也不记得自己又是何时并如何开始勇敢地站出来表达自己的看法了。父母告诉我只要下定决心一切皆有可为,后来读的一个进步女校每天提醒我发出自己的声音很重要,后来在美国妙龄小姐大赛中拔得头筹,随后又成为一名励志讲座的演讲者,这些都对我产生了很大的影响。可无论如何,如果我没有学会如何重新书写我的经历,没有改掉不善言辞的不足的话,我就不可能花 1 万个小时建立起坚不可摧的演讲自信。尤其是当各个年龄段的人都来

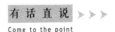
倾听你的见解时。当我第一次在一群还没有步入青春期的观众中看见一个兴味索然的初中男生时，隐藏在我内心里的那些小精灵便像打了兴奋剂一样，纷纷踊跃地冒了出来。

这种情况一直持续到我二十五六岁。作为一名演员，我可以一个人在舞台上演圣女贞德（Joan of Arc）一个半小时。作为一名培训讲师，我可以帮助职业教师成长。只要戴上人物的面具，或者仅需发挥自己的专长时，我的表现都会大放异彩。但是，当展现真实的自己时，比如说向上级主管汇报一个不算主流的看法、向选角导演做自我介绍时，所有的笨口拙舌就全都一股脑儿地冒了出来，简直成了车祸现场。然而，真正的车祸现场其实发生在事后，当旧事重提，我只能陷入自责、自悔、自我警醒之中。周而复始，仿佛永远也跳不出这个恶性循环。

所以，亲爱的读者，我希望你能成为自己生活中的主角。我并不在意你是否极力赞成我的主张。我真正在乎的是你能拥抱"健力"，用"健力"来生活。并且我希望你能学习、练习和掌握"健力"，能够做到内化于心，外化于形，不管什么时候开口，你都可以自信、从容地表达自己的观点。如果大多数时间，你还做不到这一点，没有关系。但是，如果你曾经成功过，哪怕是微不足道的成功，而现在你却反复失败，那就说不过去了。这可是我毕生经验的总结。我希望你能铭记在心。

我也真的希望你能卸下那曾经挥之不去的焦虑和阴霾（我

认识和帮助过的很多雄心勃勃、取得不凡成就的女性都有这种焦虑心态）。譬如担心别人可能会嘲笑你、骂你，而你也恨自己不争气。这样的事情一而再、再而三地往复循环。但是，你不是都挺过来了吗？所以，让我们花几分钟的时间，回答以下几个严肃的问题：

如果你坚持说出心里话，最糟糕的结果可能是什么？

回答完之后，请回答以下重要问题：

最糟糕的结果出现了，那又怎样？

请继续回答随后的问题（尽量回答，并将答案记下）。例如，你的答案可能是：

人们会不再尊重我。

我可能会丢了工作。

可能会还不上房贷。

我可能不得不搬去和疯疯癫癫的萨尔达姑姑（Aunt Zeld）住在一起，还得照顾她的那 7 只猫。

以后估计每天都要吃难以下咽的日式拉面（有包装盒的那种，不是面条店酷酷炫炫的那款）了。

通过回答这些问题，你就会发现，尽管你曾经历了一个又一个糟糕的处境，但你还是活得好好的，不是吗？所以，好好品味一下说出心里话时的紧张，站到聚光灯下时的焦虑以及对演讲的恐惧吧。进入最惨不忍睹的场面，你才能把自己解放出来，开始思考其他可能性。

如果拥抱"健力"的话，最完美的结局是什么？即使不够完美，但还算满意的结局是什么？

公开表态可能会引起潜在的后果，你可以提前制订计划，这样就能缓解自己的焦虑感。这样做还有一个好处，那就是养成顺应、尊重自己的"健力"，并依托"健力"勇敢表达自己看法的习惯，而这样就会产生美好的体验，将时间、精力和汗水投入到为所有美好事情的准备上。这样，你就能尽情享受这种体验。

下一章，我将向你展示如何辨识你内心中的各种声音，并帮助你发现哪些声音能够强大你的"健力"，哪种声音会使你的"健力"窒息。接下来，我将给你提供一个简单的方法，它将帮助你将那些长久占据你脑海的不受欢迎的声音驱逐出去，这样你就可以用一种更有爱心、更有吸引力的声音来填充你宝贵的精神空间。

CHAPTER 2

第二章

走出沟通的舒适区域

都说动力难以持久。当然啦，洗一次澡也不可能干净一辈子——所以，每天都小小地激励自己一下。

——金克·金克拉（Zig Ziglar）

在我 16 岁生日的前两周，外婆因肺炎去世了。她去世的那一年是我人生中最黑暗的一段光阴。在那期间，我请了几周假，天天坐在外婆的床头，傻傻地期待着她能摆脱呼吸机，重新站起来。因为缺了几周课，我第一次在数学考试中只得了 B+。我曾经一直以为自己像《比佛利山庄，90210》（*Beverly Hills, 90210*）里的安德里亚·扎克曼（Andrea Zuckerberg）[1]那样聪明过人。当我意识到今后的人生将永远没有我最爱的外婆相伴后，我就像坐上了通向抑郁之城的快速列车，意志顿时就消沉了下来。作为话剧班的一员，我入戏很深，我从药箱里取出一

---

[1] 安德里亚·扎克曼（Andrea Zuckerman）是福克斯电视台在 1990 年 10 月 4 日—2000 年 5 月 17 日期间播放的电视剧《比佛利山庄，90210》（*Beverly Hills, 90210*）的主角。她非常聪明。——译者注

瓶非处方止痛药，开着车在路上行驶了很长时间，不知所措。于是我找医生开了抗抑郁药，甚至还开了情绪稳定剂——但还是没能将我从逃避和恐惧中解救出来。

在这个插曲发生前，我本来已经做好以后就定型出演莎莉·桑希纳普（Sally Sunshinepants）这个角色（不用费力查资料了，这是个无关紧要的角色，虽然她本来可以不无关紧要）的打算了，我当然很看重这个角色，因为当时我可以很轻易地就进入到角色的状态，能够将少女的那种不安与焦虑发挥得淋漓尽致。那时的我，尽管也在痛苦中跋涉，但更倾向于用乐观的心态来看待周围的人和事。但是，自从外婆去世后，一切东西都变了。头脑里出现的各种各样的声音，我不再控制。生活中出现的那些不如意的、无聊乏味的小事儿，如被蚊子咬了一个包啦，没抢到自己想要的停车位啦，或者舞会上被放鸽子啦（好吧，被放鸽子倒不算无聊，看到自己当时的颓废样，被放鸽子也不意外啦），我都会选择吞下苦果，然后反复咀嚼其中的苦涩。换而言之，在我的内心深处，我已经做好了忍受痛苦的准备。

头脑里住着个交响乐团

无论何时，大部分人的头脑里都有三种声音在喋喋不休。它们都不能真正代表我们，也不能帮助我们成功实现自我交流和与外界交流。尽管自我对话及其他对我们的思维、感受和行为的影响，对你来说并不陌生，但如果现在你依然能够清晰感觉到这些声音的存在，更重要的是，你正打算驾驭它们，那么你就需要妥善应对这些声音。这三种声音在很大程度上决定着我们是否有勇气站出来，并发出自己的声音，因此，本章我们将着力解决如何回应这些声音。

最常在我们脑海里出没的声音应该要算"喷子"了。它是一个不折不扣的、缺乏创意的刻薄鬼。它让你觉得自己是个水货，一辈子也不可能有什么出息。

它会反复提醒你：

你没别人聪明！

你没别人漂亮！

你没别人有经验！

你不爱笑！

你的人际关系网不行！

你太胖了！

你不够前凸后翘！

你腿毛太长了！

好吧，我承认，最后一个声音就是我脑海里那个"喷子"说的。

当你头脑中的"喷子"掌握了话语权时，你不可能觉得自己还不赖。你会怀疑自己做的所有决定和选择。更重要的是，它会让你无时无刻不觉得你在参加一场真人秀节目，而在众目睽睽之下，你掉到了倒数第二——所有的人都在看，知道你肯定会落败出局。如果你听从（它总会自己冒出来）这个叽叽喳喳的"喷子"，你就只能活在它给你创造的世界里，与你的身体和精神脱离，经常对自己要说的话进行审查——认为鬼才要听你瞎扯。

我曾主持过一个演讲人策划团，其中的成员不是女性企业家就是顾问，她们都希望通过演讲来传递理念、光大事业，并对世界产生积极的影响。尽管她们经常登上大型舞台演讲，并且配备有专业摄像师为她们录像。但是，我却看到了"喷子"在她们演讲的过程中是如何肆无忌惮的。无论她们是马上"奔三"，或是已经退休，抑或是介于两者之间，在观看了自己的演讲录像后，这些女性的反馈意见几乎都和演说内容无关，甚至和其表现也无关。我听到的大多数评论是这样的：

我是不是走光了。

我的表情是不是像素描刻蚀画一样夸张而刻板？我眉宇间的皱纹会不会被相机捕捉到？

你知道吗？这些女性所做的工作在世界范围内都具有一定的影响力，她们不仅正在改变这个世界，而且实际上挽救了很多鲜活的生命。她们中不少人积极参与的正是女性赋能运动，然而，在观看自己的演讲回放时，她们关注的焦点却始终是自己的缺点，而不是自身的闪光点。

不幸的是，"喷子"并非是唯一一个吞噬我们精神和情感"带宽"并阻碍我们成功交流的声音。"喷子"有个好姐妹，我给它起了个亲切的名字——"对子"。人如其名，"对子"最喜欢做的事就是审查我们的决策过程，将一切都对立起来。换言之，在"对子"看来，在任何条件下我们都只有两种非此即彼的选择：

世上有好人就有坏人。

有正当的事业，就有因果报应的下贱职业。

当不上摇滚巨星便只能流浪街头靠卖唱为生。

当"对子"开始在我们的头脑中吆五喝六时，它竭力把我们的世界变成非黑即白的二元社会。结果是，我们忘记了大多数生命存在于这两个极端之间的灰色地带。我们周围充斥着大量卑鄙的、片面和主观的语境，当我们头脑中有一个"对子"时，我们也不可避免地就变成了这样。

在我的培训事业刚起步时，我的客户大多数处于二三十岁，她们基本上都是正处于事业转型阵痛期的年轻人。和我这一代人一样，对她们来说，跳槽已经习以为常了。在某种情况下，她们在半年甚至更短的时间就跳槽了。有位女士，姑且叫她露比（Ruby）吧，就是其中一员。

在我的一个促进研讨会上我认识了露比。当时，她是某高校的领导，自感深陷官僚体制牢笼，她想和学生有更多面对面交流的机会，希望能够找到办法来促进更深层次的转变——所以，她就来了我们的工作室。在我们刚开始合作期间，她很快就意识到，自己在目前的环境下永远也无法获得自己想要的东西。因此，她抓住一个机会（收入有所下降），为一个乡村社区的霍利斯迪德中心（holistid center）管理转型项目。不到一个月的时间，露比就感到自己的决定是个天大的错误。她开始怀念自己的朋友、同事和都市生活。尽管她热爱新雇主的愿景和自己的新使命，但是作为一名主管，除了自己的小圈子外，她并没有太多和他人互动的机会。她觉得自己离转变的目标正渐行渐远。于是，露比决定抓住这次回到她原来的城市做部门经理的机会，在不到一年的时间里，她第二次被降职。

当你是一名教练时，你的日程应该是我们客户的日程。但说实话，我对露比有自己的日程安排。尽管当时我没有足够的勇气和经验承认这些，我希望让她意识到，她脑海中的"对子"式的自我对话在她跳槽的过程中扮演了何种角色。正如大部分追求完美主义的女性一样，露比一直坚信，总有一份"合适"的工作在等待着她，而身边发生的一切都大错特错。如此一来，即便遇到了新机遇，只要稍感不爽，她就想赶紧逃离，因为在她看来，只要自己不爽，就说明一切都偏离了初衷。

她不会把自己的经历当作财富，从中汲取教训，收获成长；恰恰相反，她把这一切当成不幸。在研讨会上讨论她先后做出的两个抉择时，她甚至还坚信自己当初的选择没错，其执着的程度着实令人震惊。但是鉴于她本人曾教授过谈判课，也就不难理解了。她已经深陷"对子"式思维的泥淖中无法自拔。乃至当她的雇主拒绝支付超过几千美元的费用时，她很难想出创造性的钱的替代品。

除了"喷子"和"对子"发出的声音外，我们还经常能听到一种类似于自暴自弃的声音。与前两种声音不同，第三个同样是个自我破坏的声音，乍一听似乎还颇有点儿亦友亦敌的味道，这是"啦啦队长"（Cheerleader）的声音。顾名思义，这种声音非常擅长为你"加油"。它会告诉你：

客户消极的对抗性的电邮，也没什么啦。

连续熬两个通宵，一定要把那份财务报表搞定。

一个小时后我要做一个重要的演讲，但那又怎样？搭档出城了，不在公司，学校又刚刚打来电话说女儿发了高烧。总会解决的，没有过不去的难关！

平心而论，适度地使用"啦啦队长"的话并不是件坏事。有些时候，我们必须逼自己做一些令我们感觉不适却又不得不做的事——新换一份工作，一场艰苦的谈判，或者是告诫一个爱发脾气的老兄不要随便给人"贴标签"——我们当然有理由强化"啦啦队长"的声音。然而，如果这种声音并非我们自愿而是默许它存在的话，最终，我们就只会感到沮丧和厌倦。因为"啦啦队长"并没有帮助我们解决现实生活中的任何问题，通常，它只会让我们像个小丑一样，脸上挂着僵硬的笑容，而内心却——不管愿不愿承认——我们离崩溃已近在咫尺。而一旦我们真的崩溃了，离我们最近的人通常会成为我们指责的目标。

这也就是为什么外婆的去世对我来说是如此可怕，似乎是一个无底的恶性循环。是的，我觉得好像全身上下被束缚起来了，喘不过气来。但事后我才意识到，外祖母的离世也带走了盘亘在我头脑中的"啦啦队长"。我无法再骗自己，没事儿，一切都会好起来。外祖母的离世给我的人生划下了一道巨大的鸿沟。以前，我把自己的人生价值和学业成绩以及艺术上的表现纠缠在一起，直到 B+ 成绩的出现引起了一连串的地壳大震动。然而，正如大地震之后通常会引起火山爆发一样，火山灰（在我自己的个案中，火山灰指"啦啦队长"式的自我对话，其外在表现形式多为缺乏自信）的喷发，竟长达数年之久。

可以肯定地说，大部分人（当然也包括你，亲爱的）脑海中都曾同时存在"喷子""对子"和"啦啦队长"三种声音——而解决之道只有一个。

我们要培养出另一种声音，即教练的声音，用正确而简洁的信息和自我对话。

等等，你在胡说什么？

你没听错，我们要为我们的头脑里的马戏团再引入另一种声音。在揭开其神秘面纱之前，请允许我先解释一下这么做的必要性。

我们很多人都会努力按下自我对话的静音键。我们错误地认为，只要我们给脑海里的"喷子""对子"和"啦啦队长"戴上口罩，我们就能制服它们，并可以借助"健力"，与我们内心真正的声音进行交流。然而，正如我们在上一章所探讨的那样，仅仅靠提升我们的存在感的冥想和可视化练习并不足以给我们打气。为了回应我们心头必须解决的问题，我们脑海中的"喷子""对子"和"啦啦队长"会争相发出自己的声音。在这之前，除非我们尽己所能平息这些声音，否则，它们就有可能得逞。

因为它们正精于此道，那架势恰如"我就吃一勺冰激凌行不行，就一勺"。如果你此时就在一家冰激凌店，这可能行得通，但如果是在家里，冰箱里还有冰激凌的话，不到五分钟你再去看，冰激凌可能已经被吃光，而你的孩子已经在打饱嗝。我们的思想斗争也是如此。当我们告诉自己适可而止时，一定要像《歌剧魅影》（*Phantom of the Opera*）中的最后一幕（舞台上的巨大枝形吊灯摔到了地上）那样，大声地告诉自己：
"住手！"

请出脑海中的虚构"教练"

我们与自己的沟通对我们的感受、行为以及我们如何看
待这个世界有着深远的影响。吉尔·博尔特·泰勒（Jill Bolte
Taylor）是一位神经解剖学家，泰勒在其职业生涯的巅峰期得
了中风，在与病魔做了8年的抗争后，她终于完全恢复了生理
直觉和思维能力。在她的著作《中风的领悟：一个脑科学家的
亲身经历》（*My Stroke of Insight: A Brain Scientist's Personal
Journey*）中，不仅叙述了自己的痛苦经历，而且阐释了思维和
感受之间的相互关系，引人深思。我（吉尔博士也持同样看法）
所说的感受不仅指我们的悲喜惧怒和困惑，而且兼指我们在心
理上对自己身体的感觉。

正如吉尔博士所指出的那样，当我们在思考时，大脑就会
释放一种化学物质。而它会传遍我们全身，随即，我们就会产
生相应的生理体验。换言之，如果你骂自己是个笨蛋（当然你
也可以骂得别致点），你就会觉得自己的五脏六腑都像泡在了
墨西哥青椒里一样火辣辣的。反过来说，如果你认为自己注定
不凡，你就会觉得自己仿佛进入了真人秀节目最后5分钟的冠

亚军决赛环节，并且最终肯定会斩对手于马下！

伴随思考而来的生理感受是无法持久的。吉尔博士写道，我们的生理感受一般持续 90 秒后，便会产生一个新的想法，随之生理感受也会调整。如果我们能够辨认出我们头脑中的"喷子""对子"和"啦啦队长"的声音，并且厘清它们在催生我们的各种身体不适反应和情绪方面所起的作用的话，我们就能提高自己的决策水平。如果以上假设成立的话，那么吉尔博士无异于给我们带来了福音。因为对大部分人来说，这就和吃兴奋剂就能赢得环法自行车赛一样简单。90 秒过后，我们大多数人都会重新听到"喷子""对子"和"啦啦队长"的声音，如此循环往复，我们的生理感受仿佛走进了一个怪圈。

回顾一下你最近一次站出来讲那个对你而言非常重要的想法的场景。你肯定会想，"吓死我了"。（当然，很可能你还要骂两句。）然后你的身体也会做出反应，你的心跳加速，两股战战。

接着，当 90 秒的生理反应一结束，你肯定会在心里说："天哪！（此处填入你自己的名字），你刚刚（此处填入触发你同样生理反应的某种想法）……"这种模式持续下去，就像嘲鸫在半夜呼喊自己的伴侣，一直持续到天亮一样。其结果是，等真的轮到你表达自己的看法时，你整个人都一团糟。具体来说，你的大脑在飞速运转，完全忘记了身体的感受，你的演讲前后内容或许还能保持连贯，听起来却没有多少感染力；你希望自己影响他人，却几乎没能建立起真正的联系。我们都需要某种介入策略——它不仅能创造介入的方式和时机，还要有具体的介入过程。换言之，没做好某件事便耿耿于怀，但随后却还会犯同样的错误，这样做是不合适的。这种做法就像看书时读到一种新的做法和策略，心里想"哇，好像蛮不错啊"，合上书后却好像什么也没发生过一样。

我要和你分享的介入性策略保证可以药到病除，药方也很简单。一般而言，要养成一种习惯总是要花点时间（养成一种新的习惯一般需要 21 天，而要用新的习惯替代旧的习惯则需要 90—120 天。以本案为例，则是后者）。所以，你不需要做额外的功课，只需要拿出决心，坚持下去即可。我要求你养成的这种新习惯，即自我对话式介入疗法，它需要你请出隐藏在脑海里虚构的"教练"，呵斥你、打断你，最终重新定义你头脑中旧有的沟通概念。我向你保证，这既不是瞎胡扯，更不是什么高深的理论。这个方法不仅实用，而且很有效。

你脑海中这个新灵魂姐妹兼朋友的"教练"有着极强的好奇心，它会问你很多问题。在你遇到障碍时，它问的问题会帮助你发现机会。这件事很重要，请务必牢记。

重新改写你的心理脚本

有时候，这个"教练"会问你一大堆问题，这些问题会让你把内心独白变成对话，重新改写你的心理脚本（原本的想法和心态），并改变你的心情，让你的演讲更具杀伤力。"教练"是一个很善于沟通的人，和它见面的次数越多，你就越能主导自己内心真实的声音。在此过程中，它将帮助你从根本上消除消极的思想斗争。比如说无谓的恐惧，妄自菲薄，或者是"喋喋不休的婆婆"（特此声明：我的婆婆很支持我，但是婆媳关系不和的事其实在生活中屡见不鲜）。消灭了这些思想斗争，不仅你的自信会得到提升，而且你也会喜欢上沟通。

需要澄清的是，虽然我希望你能从思想上获得自信，但我并不是让你变得感情麻木。当有人不断地打扰你，贬低你，或是遭受了像婚姻破裂、亲友辞世这样巨大的打击，抑或是搞砸了舞会……你可以选择拿起枕头把这个世界砸个粉碎，也可以选择边吃巧克力边痛痛快快地大哭一场，还可以选择拨通好友的电话倾诉自己的委屈。当遇到避免不了的痛苦和委屈时，唯一的办法就是静候其到来，然后痛痛快快地释放。

再说回沟通，我希望你能从思想斗争给你带来的难以预测的生理反应（尤其是当这种沟通风险较高时）中解放出来，只有这样沟通才能达到预期的效果。那么，如何才能把它变成现实呢？如何让内心的"教练"反驳你脑海中的"喷子""对子"
和"啦啦队长"呢？举个例子，当你发现，"喷子"又对你开喷，
"你有什么资格去申请办公室主任一职？"你可以把教练请出
来，它会问，"在现在的岗位上，你都取得了什么业绩？这些
业绩能否让你胜任新职？"

如果你一直抗拒的声音是"对子"发出的。也许，它曾对
你说："你现在的工作还不错啦，就像是在做结肠镜检查，有
时你会觉得不舒服，你当然可以辞职，搬去和父母一起住。但
是变动更不舒服，想想创业的艰辛，一切都要从头开始。你真
的会喜欢吗？"（工作两年后，也就是结婚两年后，我和丈夫
斯蒂夫跨越了大半个美国，来到父母家，在他们的客厅住了
两年。在这期间，我们攒了笔钱，买了我们的第一套住房。
也许听了我的故事，你会觉得我很失败，但是我想告诉你的
是，事实上对我和我的丈夫来说，和父母住在一起并没有那
么糟糕。对于我的父母来说也是如此——至少他们口头上没说
什么。）

不过，你的"教练"对"对子"狭隘的世界观或许早就不
耐烦了。即便你确实有了要搬去和家人一起住的打算，在你没
最终决定之前，"教练"也会希望你多考虑几种选项。它可能
会这样问你："有没有第三种、第四种，甚至是第五种可供考
虑的方案？（辞职，一边创业，一边做一些自由度较大的兼职。

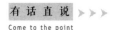

或要求每天上半天班，这样一周就可以腾出两天的时间做些私活。）"

当然，同样重要的是，把"教练"请来，让它把"啦啦队长"赶走，让自己回归现实。先思考一下以下矛盾心态。

"周末即使负责看孩子的丈夫和老妈都不在家，你一个人在家一样可以办个盛大的静修会。一个蹒跚学步的婴儿会成为十多个愿意出大价钱请你辅导她们的女性的玩伴。"如果你的"啦啦队长"和我的一样，可以甜起来腻人，也可以刻薄起来揪心。在这种糟糕的情况下（面临着冲动妄想型解决方案），你可以（我就这么干过）问自己，平常照顾你女儿的都是谁？照顾孩子有时候是十万火急的事，你怎么保证自己发了求助信号马上就能得到回应和帮助？

答案已经呼之欲出了，如果"教练"加入了对话，并且问了你一个（或多个）问题时，如果你的回答是"不"，这意味着现在你还没有做好心理评估的准备。这意味着你正在为发自内心地提升你的沟通技能——为你拥抱"健力"做好准备。只要有必要，你就要允许自己与自己对话，直到"喷子""对子"和"啦啦队长"渐次退场，"教练"开始主导你的头脑秀场为止。

"健力"时刻：打造强大的内心"教练"

说明：当你阅读本章的过程中，可能已经意识到，这么多年来，"喷子""对子"和"啦啦队长"一直盘踞在你的脑海里，经常对你指指点点。请在日记里记录在你准备拥抱"健力"时那些经常出现在你脑海中的声音。然后确定它们是"喷子""对子"，还是"啦啦队长"。

示例：

信息：小历，对于这个世界来说，你就是个一无是处的臭女巫。

谁的声音？"喷子"。

听到"喷子"对你的评价，"教练"会怎么说？会问些什么问题？问题宜简短易记，能够迅速让你回到"健力"的正确轨道。

示例：

"教练"的问题

为什么我会突然失去"健力"？

我的人生曾经有哪些闪光的时刻？

好了，轮到你了。

如果你依然不确定"教练"该问什么问题，才能让你在此刻振作起来，或永远保持振作，请参考以下答案。这些都是我最喜欢的"教练"的问题，我做了简单分类。

我最喜欢"教练"问的问题有：

问"喷子"

我究竟是一个什么样的人？

如果（此处填入我最爱的人的名字）也这么评价自己，我该怎么回应？

我在过去什么时候也曾很坚韧？

问"对子"

有没有其他选择？

我的判断是不是在挖自己的墙脚？

原谅谁，我才能获得自由？

问"啦啦队长"

我能向谁求助？

我可以舍弃什么？

我该怎么调整自己的日程安排？

问题与反思

每当你头脑中蹦出以上信息时，请向你脑海中的"教练"讨教答案。问它这样做有什么好处。

通过和"教练"的对话，你会得到一个答案。而这个答案不仅能给你赋能，更能准确地反映出一个与"喷子""对子"和"啦啦队长"眼中不同的，却更加真实的你！

头脑中不断闪现的"喷子""对子"和"啦啦队长"的声音是何以成为默认的安全保护机制的？

"教练"的声音成为大脑中的一种常态后，你和外界的交流会发生什么样的变化？

让我们探讨一下反思题中的倒数第二个问题。我们脑海中的"喷子""对子"和"啦啦队长"——不错，就是它们阻碍了我们无法成功与自己、与外界沟通。但是，它们也并非一无是处，它们是以自己的方式在保护我们。我们将不得不做出选择，是否想要它们所谓的保护。

当我们拥抱"健力"，冒着巨大的风险为自己、为他人发声时，我们其实是在向自己（也是最重要的）宣示，我们要成就一番事业，不甘于平庸。而住在我们脑海里的"喷子""对子"和"啦啦队长"，它们的存在就是要考验我们的决心和意志。我们真的做好了发挥我们的优势并充分调动我们潜能的准备了吗？还是我们需要找一个借口，亦即利用我们的思想斗争，继续沉默，继续拿着低工资，继续为了保住这份工作，却打压我们的梦想。

是的，只要"喷子""对子"和"啦啦队长"开始在我们脑海中兴风作浪，试图影响我们时，我们就应该有请"教练"登场。但是注意千万不要把问题复杂化，我们只需问自己这样一个问题：

我们说话会有用吗？

如果答案是肯定的（我相信你的答案是肯定的，否则你为什么要读这本书？），你就要下定决心了，不要再做无谓的思想斗争了，请出说话最有分量的"教练"吧。当然，在"教练"成为你的自主导航员之前，有时你可能会没想起它，但是你的决心已经是坚定的，不是吗？你再也不会为平庸找借口。你会始终想着你的目标，为了实现这个目标，你会努力强大自己的沟通能力。

你也会培养从别人对你的看法中解脱出来的能力。"万一大家不喜欢我怎么办？""万一老板、客户、朋友、父母、薪酬主管或专任大厨（要真有个专职大厨该多好）不同意怎么办？"的确，当你不再用以上思维模式来思考问题时，你脑子里就不会再出现各种各样荒唐的臆测了，你的表达欲就回来了。你会再次喜欢上自己的声音，祈盼对话。你不会再拐弯抹角地不敢说出自己真实的想法。而因为你清楚自己该说什么，说话时你会更加自然。拥抱"健力"既是一种力气活儿，又是一种顺势而为，后者就更加重要，它是一种灵活性的展现，需要将女性和男性的特质加以融合。这样，我们在交流时就能够表现得既通透又谨慎，产生意想不到的神奇效果。在第三章，我会和你一道分享一个我最喜欢的隐喻，它可以帮你思考并激活你在这个世界上最真实、最具影响力的交流，这样你就能培养一种和你的自言自语一样强大的演讲能力。

CHAPTER 3

第三章

有话直说，才是真正的高情商

紧张情绪有助于身心健康。它说明你在努力希望自己能表现不俗，你要做的是，把紧张的情绪转化成外在的表现张力。

——碧昂丝·诺斯（Beyoncé Knowles）

本来我是没打算写这本书的，只不过写作对于我来说，是一件再自然不过的事了。上初中时，我就写了一篇长篇回忆录，不到一年的时间，我又创作了一本连环漫画式的小说，讲述的是一个信奉希腊东正教的懵懂女中学生在回乡途中失去贞操，并最终丧命的故事。我也知道，全身心投入写作不仅扰乱我的思想，打断我的工作，干扰我的生活，而且使我的收入也受到了影响。但我想和你说，不是我选择要写这本书，而是这本书选择了我。2016年圣诞节假期期间，我一共休了10天的假。从3年前女儿出生以后，我还从来没有休过这么长时间的假。在休假期间，撰写本书的想法就冒了出来，就连相应的出版计划也随即规划了出来。

在我看来，既然写这本书的这个想法让我夜不能寐，我能做的就是聆听自己内心的声音，在电脑前把这些声音逐字逐句地敲出来。到元旦时，我已经完成了这本书四分之三的提纲。到了冬天，我就把本书的提纲寄给了几家出版社，而那家我最喜欢的且与我们有业务往来的出版社拒绝了我（具体来说，出版商告诉我，等我的电子邮件订阅用户翻3倍再去找她），我瞬间难过不已，并告诉自己："我还没准备好！"我开始重新审视自己的出版计划，并且胡思乱想，越想越觉得这件事情怎么都做不成。

我不断退缩着。那天一大早，我赶往一所大学做演讲，在去机场的路上，我差点儿撞上一只要穿过马路的小兔子。接下来的几天，兔子的形象便不断闪入我的眼帘。巧克力上印着兔子，街头店面橱窗上的小饰品是小兔子，甚至连我的梦里也到处都是蹦蹦跳跳的小兔子。反复出现的兔子似乎是在提醒着我什么。

我的言行举止也越来越像一只小兔子。

请允许我暂时先把小兔子放在一边，及时地回顾一下。

我对某个出版机构痴迷了多年，他们是我人生的第一个导师，里面汇聚了一群我最喜欢的作家。虽然已经在笔记本上潦草地记下了自己今后的文学路线图，但我却一直没有敲定，究竟是联系他们出版还是自筹出版。如果处于人生的低谷期，我肯定会将本书置于书架上，和高中时自己写的那本情色悲剧小说《海边的祈祷》（*A Prayer beside the Sea*）一起束之高阁。从演讲会场回到家的第二天早上醒来，我的脑海里全是小兔子的身影，直到静下心来，我写了一封自荐信并用电子邮件发了出去。大约一个小时后，我就接到了我喜欢的那家出版社经纪人斯蒂夫（Agent Steve）的电话。一番寒暄之后，对方向我发出了邀约。斯蒂夫诚恳地说："让我来张罗您这本书的出版事宜吧。"那声音是那么的亲切，仿佛他就坐在我的对面。

如果不是无数只小兔子对我狂轰滥炸，你可能不会读到这本书。无论是在复活节的竹篮里还是《花花公子》（*Playboy*）杂志的封面上，小兔子都是全身毛茸茸的，超级可爱，让人一看就想抱在怀里。然而不幸的是，在我的世界里，它却被当成一种典型来代表女性。

兔子型人格（Bunnyitis）

在我讲授女性力量和影响力时，我经常用兔子来指代那些不敢表达自我、那些话未出口就先对自己的观点进行自我审查、那些关心是否触怒别人胜过关心能否说服别人一起努力的女性。当小兔子不断在我脑海中闪现时，我在它们身上看到了那个与自我对话时的自己。其实我早该写封自荐信发给自己心仪的出版社。可是一直以来，我假装忘了这件事，但是却没有忘记反问自己："就你，还写书呢？你算老几？"（事实上为了写这本书，白天我忙得团团转，晚上也辗转反侧。）嗯，这就是典型的兔子型人格特征。因为，在要表达自己的观点时，兔子型人格的人总会：

先道歉。有时，她会一五一十地道歉，"对不起，我迟到了""对不起，打搅您了"，或者"对不起，但是我希望您在谈您的观点时能看着我。"有时，她的道歉方式则比较委婉，说话时畏畏缩缩，"我想三明治就好""我想，我来个三明治可以吗？"而不敢大大方方地说，"午餐时间到了，休息会儿。我说，来份绿神三明治。"

不厌其烦地解释自己的观点。她会经常重复自己的观点，而忽视说服别人。在陈述时，她总是隐藏在别人的观点、事实和数据背后，却羞于为了自己的观点与人争辩。比如，她会说，"美国总统说只有西方女性才能拯救这个世界"，而不会说，"从我过去10年女性领袖的领导经验来看，我目睹了女性如何在安全、鼓励性的环境中交流，所以她们才更有可能在工作上、生活上以及生活中的各个领域迈入'健力'的磁力场。"

观点无法使人信服。因担心改变现状，而不敢表明自己的独到见解、期望或恐惧。因此会让人觉得这个人不重要，而渐渐忽略她的存在。

无感召力，无法号召人们行动起来。无论是要求加薪，还

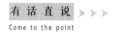
是尝试说服别人，她都不会直接表达自己的诉求。即便她真的这么做了，她也会绕一大圈，最后才提出自己的诉求。只是她不知道的是，这种做法只会让人觉得她根本没有资格提任何要求。

霸王龙型人格（Dragonosis）

女性力量光谱的另一端则是霸王龙型人格，她是小兔子的反向极端。我们常常会看到一种被固化了的女性特征，她更多地展现出超强（几乎是卡通式的）男性化特质的一面。《穿普拉达的女王》中的梅丽尔·斯特里普（Meryl Streep），《职业女郎》（Working Girl）中的西格妮·韦弗（Sigourney Weaver）［在《外星人》（Alien）中她则是"健力"的化身］，以及琼·克劳馥（Joan Crawford）所扮演的所有角色几乎都是霸王龙型人格。在表达自己的观点时，霸王龙型人格的女性与兔子型人格的表现截然相反：

要么听我的，要么滚蛋。她说话时完全以自我为中心，根本不考虑其他人的感受。她一般不会正眼看人，偶尔为之，目光也是压迫式的，不是为了交流，而是为了掌控局面。

不带任何感情色彩，不会微笑，隔绝所有主观感受。她给人的印象就是冰冷，以此来逃避不安全感和不适感。不过至少她表面上会伪装得很好，但与此同时，也切断了传递如愉悦、感激等各种美好感受所需的氧气。

独狼型做派。她的存在让人误以为强大的女性往往独来独往，不需要任何人的帮助，也不需要外界的反馈，更不需要团队的支持。长此以往，在她采取行动之初，或许还能得到别人的支持，然而，却鲜有能够善始善终者。

兔子型和霸王龙型在行为方式上似乎看起来不同，然而，她们都是将自己扭曲成别人希望她们成为的样子，不管是作为领导者、员工、企业主的合作伙伴，还是作为母亲、姐妹和女儿，她们都心存恐惧，宁愿躲藏在面具后面，假装自己很受欢迎，也不愿撕下伪善的面具。最终，生活中就会缺少一个榜样，她们看不到还有其他的生活模型，就继续执行着特别老套的角色。有时，这些刻板印象就是强加于她们的，无论是在媒体上还是在流行文化中，除了兔子型人格和霸王龙型人格，我们几乎再也无法看到其他类型的女性形象。而对于有色女性来说，情况则更不乐观。诚然，珊达·莱梅斯（Shonda Rhimes）赋予了非洲裔、拉丁裔和亚裔女性更加立体、多维的形象，但是，这种女性形象不过是荧屏上的个例，而绝非一种常态。

在构思本书的过程中，一个个兔子型的形象映入了我的脑海里，我痛苦地思索这些形象和本书的关系。脑海中的"教练"（在和它同行十年后，它已经成了我的向导）又不失时机地跳

了出来，"小历，这些小兔子是否是你人生的某种投射？"在
经历了一番思想斗争之后，我意识到，虽然我要写的是一本关
于如何迈入"健力"的书，但是，我已经完全迈出了"健力"
的场域。

善用猎豹型人格（Cheetah）

我 8 岁那年，父母离异，母亲再婚。虽然继父视我为己出，
但有时候，他做的那些奇奇怪怪的事情，能把我和老妈逼疯。
比如说，他坚称圣灵（Holy Spirit）其实和人长得一样。他让
家人和朋友击打他的肚子，让人们知道 40 岁的人也是可以有
腹肌的。他还痴迷于各种动物，每天都会哼唱《森林王子》（*The
Jungle Book*）的主题曲、路易斯·普利马（Louis Prima）的《我
想和你一样》（"I Wanna Be Like You"），没有人知道他究
竟看了多少遍《动物星球》系列节目（*Animal Planet*）。受他
的影响，慢慢地，我也喜欢上了野生猫科动物，尤其是猎豹。
事实上，当年在美国妙龄小姐选美大赛做"个性"演讲时，我
穿的就是豹纹连衣裙（头戴狩猎帽）。"直视豹子的眼睛，仿
佛你能够触及它的灵魂。所以我喜欢穿豹纹，这样人们也能看
到我的灵魂。"哈哈，你是不是打个哈欠，又冲我翻了个白眼？
我喜欢盯着猎豹看——当然是在电视上。在现实生活中，

我和猎豹并没有交集。在所有的陆生动物中，猎豹的加速度最快——几秒内加速到 65 英里每小时。它们的脊柱非常灵活，能轻轻松松跳出很远。它们还喜欢在视野开阔的地方游荡。此外，猎豹有一双摄人魂魄的大眼睛（还有泪痕）——眼珠移动的范围可以从内眼角一直延伸到嘴角上端。

和畏畏缩缩的兔子、动不动就喷火（发火）的霸王龙不同，猎豹给人的感觉是一直在行动，惊心动魄。总而言之，她行动极为迅速、灵活，气场强大无比；她需要休息，眼角似乎永远挂着泪痕；从交流沟通的角度看，她很有见地。根据我的观察，一个具备猎豹型性格的女性应该具备以下特征：

直接告诉对方自己想要什么（以及什么是自己应得）。

和听众进行交流（而不是自说自话）。

注重与听众的沟通（眼神交流，会讲故事，有幽默感，举止得体）。

为达到目的采取灵活态度。

善于调动自己的情绪——运用情绪增强自己的说服力。

一个猎豹型人格的人一开口，就能展现自己强大的气场。但是，这种气场源自自信，而不是一种刻意的表演。当她站起来发表自己的看法时：

两脚自然分开，与肩同宽。

收腹挺胸抬头。

直视对方——眼神柔和却坚毅。

面部表情自然，有亲和力。（她不必刻意去微笑，更不必担心自己笑不出来或笑得很难看。因为只要她拥抱了"健力"，眉梢嘴角自然而然会挂着笑意。）

她的举手投足足以牵动听众的心，她会借助手势将信息传递给听众。无论是用哪只手，她的手势加上她的言辞，都会打动听众，激励他们付诸行动。

肢体动作是用来传递思路运行轨迹，强调重要理念的工具。（当她开始走动，慢慢优雅地加快脚步，表示她即将开始分享自己的理念。在阐述理念时，她会像磐石一样，雷打不动，不会到处走动，甚至不会换脚。）

当一名女性走出兔子型人格或霸王龙型人格的泥淖，开始拥抱猎豹型人格时，奇迹就出现了——不论对她来说，还是对那些她想通过交流来改变的人来说，都是如此。在拉斯维加斯，我曾常年经营一个每年为期9个月的面对面的女性领导力培训项目。参与该项目的女性大多是兔子型人格。但是，无论是哪一期项目，你都能发现有几个人是非常强势的霸王龙型人格。

坎迪斯（Candace）便是参与者之一，她很年轻。在我们项目的第三期时，她走到会议室前排，发表了一场极其精彩的演讲。通篇演讲几乎找不到一个无用之词。演讲过程中，她也始终与听众保持着眼神交流。然而，演讲结束后，会议室的气氛却十分凝重，仿佛整个会议室都被她那5分钟的侃侃而谈碾压过去了——但是，说实话，她当时演讲的话题我已经记不得了。大概是偷猎大象为什么违法，还是为什么在摔跤比赛中香蕉会压碎橘子之类的话题。但这已经都不重要了。她的那番演讲固然声音洪亮，措辞得当，但给人唯一的感觉却是她冲天的怒气。

她演讲结束后，我问她："你有没有什么不为人知的事儿，怕说出来大家会看扁你？"为不泄露隐私，我对她的回答稍做修改。她说："我的肚脐眼位置文了一圈毛毛虫。"接着，我又一连问了几个她没有丝毫准备的问题，迫使她不得不集中注意力，调动全身的神经，甚至迫使她焦躁、发怒——最重要的是，迫使她露出原形。

我此前从来没见坎迪斯笑过。她脸上总是挂着这样一副表情——好像如果在接下来的25分钟内她还不能解决全球女性面临的问题的话，世界就将毁于一旦。但从那天开始，她变了。她开始有了笑容，源自她的力量，没有半点儿矫揉造作的痕迹。她开始虚心请教问题，而不是试图通过声称知道所有答案来证明自己的智慧。卸下盔甲后，她开始和参加项目的其他女性建立真正的友谊。她和同事的关系也变得融洽起来。在后面一期的领导力培训课上，坎迪斯和大家分享了自己生活的转变。那些以前与她打交道的很难相处的人（此前她曾多次抱怨）打起交道来也不那么难了（除了一个刻薄的人，因为总是有一个刻薄的人）。

在接下来的几个月中，坎迪斯在她们单位推动了数次史无前例的浪潮。她发起了一个女性领导力倡议，并获得了晋升。她甚至率先提出了一个服务项目，并且动员其他女性积极参与。当她脱下本就不属于她的（也不属于任何人）霸王龙坚硬的外壳，她真正迈入了"健力"的行列。

"健力"时刻：沟通能力测评

无论你默认自己是兔子型人格还是霸王龙型人格，抑或你通常能够用猎豹型人格交谈，你都有可能提升猎豹型人格，完善自我对话和与外界交流的空间。

说明：做以下测试，看自己在以下各种情形下会如何开展沟通，对于每种场景，从 A、B 和 C 三个选项中选取你的第一反应。对于自己更倾向于哪种人格你肯定心里有数，但是必要的反省可以帮你深化自我意识。完成作答后，请自评分数。然后根据评分结果，采纳相应的推荐方案并付诸实践，使自己接近（乃至完全转向）猎豹型人格。

"健力"测评习题

1. 你正在和客户或主管分享你热衷某个新理念，但对方却不正眼看你。此时，你会问：

A. 请问您对我的建议是否有不同的意见和看法？

B. 是不是我太热心了，让您不舒服？

C. 我刚说的话是否给您添麻烦了？是不是现在不方便谈这些？如果现在不方便，请问可以改在什么时候？

2. 你在一次行业协会上发表演讲，将以_____作为开场白。

A. 研究和数据

B. 你最希望听众从你的演讲中获得的信息

C. 自己的个人经历

3. 导师给你发来了一封邮件，给你提供了（她认为对你来说是）一次难得的机会。你的第一反应是：

A. 要是过几年就好了。

B. 我的人际圈里还有哪些人申请了这个机会？

C. 怎么找个适当的时间和空间来做一份让人眼前一亮的申请书。

4. 你对某个家庭成员说的话强烈不满。此时，你会说：

A. 闭上你的臭嘴。

B. 极力陈述自己的观点。

C. 我不是太明白你的意思，能否解释为什么你会这样想。

5. 你觉得目前的工作已经举步维艰。你会：

A. 在网上寻找新的机会，认为这是自己必须面对并解决的问题。

B. 当一天和尚撞一天钟，把自己失意的责任扣在别人头上。

C. 问自己，从目前的挫折中我能学到什么？应该采取何种对策？

6. 你需要向某人传递某个信息，但是对方不感兴趣。你很可能会：

A. 发电子邮件告知对方。

B. 无论通过什么媒介，尽快将纯客观、不掺杂任何情感的信息传递出去。一般是用手机短信完成。

C. 敲定时间和对方当面谈。如果该方案不可行，用视频通话和对方联系，以确保和对方有更多的直接接触。

7. 某人给你负面反馈后，你通常会想：

A. 我要好好努力，改进不足之处。

B. 那孙子简直……（填入你想骂的话）

C. 我需要点时间消化一下那人的意见，然后再决定是否回应以及如何回应。

8. 你发现了一个让人心动的机会，只是需要大量的投资和投入，这让你感到很犹豫。此时，你会：

A.将其从意愿清单上划掉，继续忙其他的事。

B.另外申请一张信用卡，报名缴费。什么也不能阻挡你的步伐。

C.询问价格是否可以打折或能否分期付款。祈祷上帝（或世界）给你一个暗示。如果命中注定你要把握这个机会，上帝（或世界）会给你一个神秘的微笑。

答案统计

A ＿＿ 个

B ＿＿ 个

C ＿＿ 个

如果你的答案集中在A选项，那么，你是典型的兔子型人格。

建议：对你来说，将恐惧和不适当成一种机遇，其实它是一个绝佳的机遇，能帮你说出心里话。当你专注于如何与对方进行深入的沟通时，你就不会再回忆自己。记住，拥抱"健力"，别人也会以你为榜样，拥抱他们的"健力"。

如果你的答案集中在B选项，那么，你就是一个全副武装的霸王龙型人格的人。

建议：虽然我们都有权利表达自己的看法，但是太过直接真的对自己好吗？我的直觉告诉我，并不会。让我继续问你个

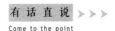

问题：何以见得不够坚强或虚心受教的态度就注定会抵消而不会提升你的影响力呢？

如果你的答案集中在 C 选项，当你觉得不适时，你会先缓一缓，对事态进行评估，更加在意（与自己和别人的）沟通，那么，你就是猎豹型人格。

建议：在自我对话和与他人对话过程中，你所做的选择大部分是正确的。既然如此，你为什么还要读本书？开玩笑啦。即使猎豹性格是你的主要性格特征，你也要注意自我对话。确保"教练"的声音成为自己脑海中默认的声音。当你不确定自己该说什么、该怎么说时，请先停下来，不要急，尽量与对方进行眼神和心灵的沟通，切忌过分追求完美。

问题与反思

如果以猎豹型人格进行对话，你的生活会发生什么变化？你的感受呢？

你会有什么得失？

它会给你的声音、自信以及自己的成就和自己关心的事项带来何种改变？

如果你能辨识出兔子型人格倾向和霸王龙型人格倾向，并能正确分辨出自己性格中的这两种倾向（两种人格同时存在是可能的，因为两种倾向均源自恐惧导致的思想矛盾），那么，你就会多次回过头来复习本章的内容。请认真研读（并实践）我的建议，它将引领你习得猎豹型人格。切记，要想塑造猎豹型人格，你必须先养成启用内心"教练"的习惯。

要保持好奇心。

多思考，多问问题。

要从危机中看到机会。

要说出你最想说的话。

最重要的是要注重心灵上的沟通，不管是和自我对话还是与外界对话。

我提供的辅导和培训项目有多个价位，一对一的辅导更是价格不菲。每当有人在我身上（也是在她自己身上）做一些投资，我总会问她为何会这么做。这么多年，我也听到了很多答案，其中最常见的答案和我有关。

"小历，你很真实，也很真诚，我觉得你是真的在乎我，所以我信赖你。"

从她们的回答中，我读出了"健力"的真义。信心，简单直白却又直击人心的交流，以及实实在在的、真真切切的联结。当我们找到了"健力"，探寻到"健力"的真义，我们就能通过展示"健力"，把信息传递给我们试图影响的人。交流时，听众就会变成同样拥抱"健力"的人。如果我们展现出了兔子型人格或霸王龙型人格，恰恰是因为我们和听众之间没有建立真正的联系，没有把彼此联结在一起。

在下一章，我们会探讨交流中最重要的一项技能——遣词造句。通过学习如何遣词造句，我们将用简洁却又直击人心的话来说服对方；我们将一一列举，并纠正大多数女性在交流时常见的弱化自我影响力的行为，以确保我们保持猎豹型人格。此外，我还会和你分享一些我最喜欢采用的策略，无论在何种场合——你是要应对一个对你极其不满的客户或同事怒气冲冲的刀光剑影，还是站在挑剔的同行面前，做一场带有沉重压力的演讲，这些策略都将帮助你找到最合适的表达方式。

CHAPTER 4

第四章

如何遣词造句

说话前，请先自行品味其滋味。

——奥利克·艾斯（Auliq Ice）

大学期间，我曾在大卫·艾夫斯（David Ives）的独幕剧《遣词造句的魅力》（*Words, Words, Words*）中饰演一只名叫弥尔顿（Milton）的黑猩猩。我讨厌它，不是因为它是黑猩猩。我从中获得了极大的乐趣，至少一开始是这样的。直到拿到完整的剧本，我才知道，导演让我演的是一只务实的，只为捍卫权威利益的黑猩猩。我顿时像吃了一记闷棍。在我看来，既然要演猿猴，就要演只疯疯癫癫、荒淫无度、脏兮兮的吃屎猴！您说，是这个理儿吧。

在作者艾夫斯的臆想世界里，弥尔顿并不孤单，它还有两个叫作卡夫卡（Kafka）和斯威夫特（Swift）的黑猩猩同伴。科学家罗森鲍姆博士（Dr. Rosenbaum）（他是个幕后角色）将它们都关在了笼子里。博士认为，让三只黑猩猩用无限长的时间坐在打字机前胡乱敲击键盘，它们也能创作出莎士比亚

（Shakespeare）的《哈姆雷特》（*Hamlet*）。很明显，这就是一出荒诞剧。然而，饰演弥尔顿这个角色唤醒了我的意识，强调了我一直在与之斗争的一件事，所有人，甚至是我的闺蜜（本剧的导演），都看到和听到了不同于我在脑海中创造的 Alexia 版本的我。在我自己看来，我更适合演斯威夫特——三只黑猩猩中最有抱负、最具反抗精神、讲话也最有诗意的那个。而那个弥尔顿，不仅过分现实，喜欢挖苦人，还总爱摆着一副臭脸，好像别人都欠他钱似的。即便演斯威夫特有难度，但我总觉得自己可以凑合饰演人品还算差强人意的卡夫卡。卡夫卡是三只黑猩猩中唯一的雌性，性格恬淡，对生活抱有希望。

我自命也算个浪漫主义者。但没想到的是，在别人的眼里，自己不过是个循规蹈矩、信奉实用主义的现状捍卫者。这着实令我错愕。其实在很多时候，不少人都曾或隐晦或直白地提醒过我。他们不可能都是错的——尽管我多么希望他们是错的，当我退后一步，我才意识到自己写的文章虽然古怪离奇、异想天开，但在现实生活中，自己却是个甚至都不敢大声说话的人。是啊，谁又能想到，那个高中时差点自费出版带有宗教色彩的情色小说的女孩儿，竟然和那个宁愿选择和老师、教授站在同一个战壕也不愿意与同学为伍的女孩儿是同一个人。所以，即便她当选过班长和学习委员，却注定无法成为全班的精神领袖。同样令人无法置信的是，她给畅销书作家和参议员写的热情洋溢的信总能得到他们个性化的回复，但她在高中和大学申请的四分之三的工作都因"不符合文化"最终只能躲在桌子后面当收银员、端茶递水的服务员或 CD 推销员。只有在短篇小说中，我一直过着隐秘的生活。

后来，从大学到读研那段期间，我经历了脱胎换骨的变化。只出现在文字中的我终于开始走进现实。改变源于舞台，我一直在寻找那些超出我舒适区之外的角色。扮演妓女、通奸者和谋杀犯，这些角色给我提供了机会，同时迫使我将本属于"键盘侠"的勇气端出了台面。也就是在那段时间，我和一个喜欢下流笑话和肢体喜剧的男人约会（并最终结婚），正是因为他给了我空间，我在舞台上着力塑造的新的自我才开始一步步走进了现实生活。

20 年后的今天，我终于成了一个文如其人的人。无论是和家人、朋友还是和客户在一起时，我都能表里如一。我想，其中最重要的原因便是：遣词造句。遣词造句就犹如挑选水果，先是精挑细选，再细细品味，还须恰到好处（回味无穷），有嚼头（却不硌牙）。当我说这些话的时候，我细细品味一字一句，选择表达我的声音和观点的词语。本书并未采用《走进你的自信》（Step into Your Confidence）为书名，并不是因为这个名字不好，而只是因为这不是我（遣词造句）的风格。同样地，如果你让我的客户每说出一句"历式言语"（请叫我小历，谢谢）你就愿意出 1 美元的话，估计你会输得倾家荡产。从"这不是恐惧，这是感觉"到"放下专家的把戏"这类的短语，本人绝不拾人牙慧。

在理想状态下，我们对自己说的话、写在纸上的话、在世界上说的话听起来都应该是出自同一个人。可事实上，很多人都做不到这一点，这绝不仅仅是心里话和违心话的区别。我们很多人甚至都不知道自己说了些什么，却责怪别人不理解我们，觉得别人不应该那样对我们。

数年前我曾接过这样一个客户，姑且称其为凡妮莎（Vanessa）吧。凡妮莎参加了我的一个数字课程，然后她和我一起报名参加了一个私人教练课程。当我们第一次决定一起做教练时，凡妮莎透露了她最近经历的黑暗时期。她还说了自己经济拮据，以及自己作为培训师的种种挫败。每当她为演讲演出和教练的机会做宣传时，人们都表现出了兴趣。但是一旦和她通上话，电话那头的人便如坐针毡，恨不得马上扔了电话，检查检查自己的屁股或者座椅，他们没事找事做，除了和她说话。然后她会跟进，可想而知，她很少收到回复。

和凡妮莎认识不到一个月，我就明白了其中缘由。怎么说呢？和凡妮莎在一起待一个小时，就像在"红眼航班"上跳来跳去，在某个地方降落，直接开始一天的工作，回到机场，乘坐当天最后一班飞机回家。你可以数一数她说"别误会"的次

数，然后把她生活中、脑海中，当然还有我们一起工作时发生
的每一件错事都记录下来。她常挂在嘴边的另一个口头禅是"这
行不通"，每个月至少在她写给我的电子邮件中出现四五次。

可悲的是，凡妮莎并不知道自己是一个精力充沛的吸血
鬼——不仅吸干周围人的血，还吸干了自己的血。直到她的培
训讲师（也就是我）终于横下哪怕不挣钱，也不愿再忍受她那
折磨人的邮件的心后，和她摊牌。我知道，我所见所闻的凡妮
莎其实并非真正的凡妮莎，至少她自己并不想成为这样的人。
幸运的是，凡妮莎也下决心准备改掉这些无意识的举动。仅仅
数周，凡妮莎和她的语言就有了巨大的进步，并在自己的思维
和信息传递中养成了新的习惯。她开始使用像"谢谢"这样的
单词和短语，这很令人兴奋。电话那头的人也不再如坐针毡，
她开始收获客户资源。

她已经尝到了成功的甜头，然而，凡妮莎也和我们一样有
自我破坏的能力。她身体里刚刚萌发的机不可失、时不再来的
紧迫感难免让她患得患失，而乖戾的老毛病也将死灰复燃。我
也听说过这么一种说法——人性本恶，凡人何尝没有抱怨之执
念，其戾气足以让任何"大魔头"汗颜、闻之色变。如果你觉
得这是危言耸听，请扪心自问自己是否曾做过恶，是否动过恶
念。然而，不管怎么说，凡妮莎都在进步。在神秘的微笑召唤下，
她一步步迈向自由王国，开始游刃有余——她的言行、充沛的

精力无一不昭示着这一点。这种转变不仅让她的事业风生水起，也让她和家人的关系更融洽。

根除兔子型人格

作为女性，参加面试、会见重要客户或登台亮相前，我们都要花费好几个小时，把衣柜里的衣服试个遍。现在，穿什么是一件很重要的事，衣着不仅向外界呈现我们对自己的态度，还为我们表明态度和立场提供了一种语境和氛围。如果衣着不得体，就破坏了这种语境。然而，我要呼吁的是，我们应该像讲究衣着打扮一样来讲究我们的遣词造句。在第一章，我们讨论了怎么讲好自己的故事——我们是谁？我们都经历了些什么？我们还讨论了都有哪些潜质可以为我们迈入"健力"打下基础。我们内在的交流孕育了我们外在的交流。在讲述我们的故事前，我们不仅要深思熟虑，还要让它更有质感。我们必须从纷繁复杂中理出头绪——我们需要整理的绝不仅是衣橱，还应该包括我们希望向外界传递的一切信息、想法。要充分发挥"健力"，我们就必须从语言层面消解降低自身影响力的兔子型人格——哪怕是所谓的积极型的兔子型人格也不行。以下是我们必须克服的兔子型人格的部分重要特征。

陈述观点时以"我认为，我觉得或我相信"等废话体开头

一般而言，别人会默认你所表述的是你自己的观点、感受、主张和意图。然而，在分享自己的看法时，女性往往会画蛇添足地强调这一点。把自我摆在首位，附以"认为"等词。这样做的后果就是，我们在不知不觉中释放了如下信息：我说的话是未经检验的；我说的可能是错的；无论我在讨论此事时是否严肃，你们都不必太当回事儿；我自己都不知道自己在讲什么。

滥用形容词和副词

在学校里，我在配对同义词的标准化考试中表现得非常好。即便现在，我仍然可以给你至少 5 种不同的方式来表达某样东西看起来不错，如精美的、精巧的、赏心悦目的、优雅的、别致的、有格调的、脱俗的、引领时尚的等等。和我一样，大部分女性都非常善于用形容词来描述各色人物、情感及场景等。然而，真正的影响力在于用行动来"展现"我们和他人的品质。比如，如果要肯定自己和团队的努力，与其说"我工作一直兢兢业业"，不如说团队向你提出问题的解决方案，"在我的努力下，成本降了两成，净收入增加三成"。滥用形容词和副词一般意味着动词弱势化。当我们过度使用形容词和副词时，这

往往表明我们选择了无效动词。

滥用弱势动词

弱势动词有多种表现形式。我们经常说"我忠于职守"，却鲜少说"我拿到的合同比预期翻了几番"。或者我们会说"她擅长演讲"，却鲜少说"她的话值得信赖和托付"。而有时，我们的措辞无法凸显我们的独特视角。比如，到底她是"走进了"房间，还是"闲逛"？你究竟是"找回自己的声音"还是"再次重申，并向全世界大声宣布自己的观点"？强势动词的选择会增强我们的沟通能力。

语气模糊，态度不明

在 1984 年上映的电影《龙威小子》（*The Karate Kid*）中，宫城先生（Mr. Miyagi）对"诚心"（commitment）有一番颇有意思的思考："丹尼尔先生（Daniel-san）……学空手道只有两种结果，要么练成出山，要么练不成滚下山。练成神功之后，无论什么东西到你手上，就像这个葡萄一样（手指碾碎物品状）。"我们应该像宫城先生一样，态度必须一清二楚。比如，你可以说，"是的，你父母来之前我会把卫生间打扫干净"或"我不想打扫卫生间，我们请个保洁吧"。如果我们使用"或许""有望""可能"等模棱两可的词，我们就稀释了（或者就像电影中那样碾碎了）我们说话的力道。

稀释与对冲

如果我们希望听众理解，尤其是当我们抛出的观点或论点十分新颖，但尚未成为主流时，营造语境就尤为重要了。例如："我曾两次摔伤尾骨，对于飞机上的座椅的设计哪些合理，哪些不合理，怎么设计才能最舒适，我都有自己独到的见解。"然而，在某些语境下，某些言语无异于弃权声明。比如说，"虽然本人在该领域没有太多经验，但是我认为……"此话一出，不仅是我们的想法，连我们自己都顿时变得无足轻重。"但是"一词是最常见的稀释性话语。我曾认为"但是"是英语中最可有可无的词。当然，这么说有点夸张，但是大部分时候，我们都应该避免使用该词。通常我们使用"但是"是为了创造一种语境，来保护我们自己，或是在表达我们的真实想法之前的一种客套话。例如："我也希望能尽快将报告呈送给您，但是我实在分身乏术。况且，完成报告所需的第三方信息也还没有转过来。"在本例中，最好换种说法，如"可惜在截止期限前所需的资料尚未完全准备就绪"。这样对双方都有益而无害。

上仰错觉

在高中参加合唱团时，为了能和朋友们站在一起唱歌，我一直冒充自己是个女高音，而隐藏自己是个女低音的事实。乐队指挥不知道我在做什么，因为很多高音声部我都唱不上去，所以指挥就鼓励我不要再参加合唱了，建议我转去做舞蹈动作设计。我兴高采烈地接受了指挥的建议，把擅长舞蹈的朋友都拉了过来。在"扬基歌"（Yankee Doodle）的启发下，我们编了一部歌舞讽刺剧。事实上，在合唱团滥竽充数的时光是很尴尬的，不过，塞翁失马焉知非福，女低音虽然不适合唱高音，却非常适合做演讲和担任领导工作。很多女性习惯于在句子结尾处提高音量，然而研究表明，用降调会让我们的理念听起来更可信。我们一般只会在提问时提高音量，如果在其他场合提高音量，就会给人一种说话人对自己以及自己的讲话内容不自信的感觉。因此，请务必严格区分疑问句和陈述句。

为寻求认可而提问

还记得我刚才说的严格区分疑问句和陈述句吗？

提问是需要技巧的。有些问题不提也罢，如果你意识到自己提出的问题只是希望得到别人的认可时，就跳过它。诸如"你赞同吗？您觉得呢？要不要试一试？"都属于该范畴。相反，分享你的所思所感，信念和理念（当然不要用"我想""我认为""我觉得"以及"我是想说"等等）。例如，"这个国家需要更多的女性总裁"或者"吃完意大利胡桃汁方形水饺后再来点儿提拉米苏，喝杯意式咖啡简直是绝世美味！"你的示范必将引领更多人分享她们的感受和思考。

误把繁琐当要言

初中英语老师一次又一次地改变了我的生活。是她教会了我如何断句。（如我会说"吃奶奶吧"，但其实我想表达的是——"吃吧，奶奶"。）每次交作文，无论我的作文多么杂乱无章，在长达一年的时间里，她都会耐心地在后面批上"为文贵简"几个字。简约而有感召力的文字往往更能唤起听众的热情，使他们采取行动。一个引人注目的，简洁的陈述可以让人们采取行动，而不是通过隐藏我们想说的话来保护自己。

在不该道歉时说"抱歉"

兔子型人格的一个重要表现就是爱说"抱歉"或"不好意

思"——即使在无须道歉时也乐此不疲。"抱歉，调料汁分开放，我自己加""不好意思，我没有收到您的邮件啊""不好意思，我有话要对你说。我们见面聊好吧！"一般而言，只有在给别人造成了不便或可能给人造成不便时，我们才需要说抱歉。当我们经常坚持自己的观点时，有时我们会说"对不起"，因为这听起来像是礼貌的行为，然而，通常这样做的原因（无论我们是否意识到了这一点），实际上是希望别人能够为他们自己的错误承担责任。有时候我们在说抱歉时经常会和"只"字或"突然"连用："我只耽搁您五分钟时间"或"我突然想到了一个问题"。（我曾想过把"只"和"突然"单独列为一个条目，但是考虑到这两个词只不过是说抱歉的另一种形式，所以姑且放在此处。）当然，在某些场合是必须说抱歉的，例如我们可以借某个机会表示对自己犯的错误负责，并保证自己知错改错，避免再犯。厘清问题是一种敢于担当的表现，迈入"健力"同样如此。

隔绝霸王龙型人格

几年前，有个同事请我帮忙做个项目，该同事是我们公司的骨干。我首先考虑的是，自己对她的项目内容是否感兴趣（我确实有兴趣），自己是否有时间来推介这个项目（我自己对此是有疑问的）以及我的这个同事是否能吸引受众。最终，权衡利弊，我否决了她的项目。

我的案头固然摆着一大堆事情等着处理，可是时间并非问题的症结所在。我之所以否决这个项目是因为我同事这个人。说她才华出众也好，声名狼藉也罢，这些都不是问题。问题的关键是她无法给人一种暖意、一种亲和力、一种人情味。她给人的唯一印象就是她的霸王龙型人格。这么说绝非信口雌黄，我和她打过交道，领教过霸王龙型人格的厉害。正因如此，无论其见识多么卓越，一想到要把自己的客户介绍给她，我就不寒而栗。

我和她之前仅仅有过一面之缘，那是很多年前的事了。数年后，她有了一个更大的平台和成千上万的追随者，这是后话。但是，也就是在那唯一一次的接触中，她竟劈头盖脸地斥责我的某个想法过于天真。尽管她认识我还不到20分钟。离开时，我心里空落落的，觉得自己那点儿可怜的自尊就像她手里那杯碧绿的果汁一样被她一股脑儿给吞噬了。现在想来，是我纵容了她，让她篡夺了我的力量——我不仅没有当场反驳，事后我还对她的话耿耿于怀，实在是太把她当回事儿了。我花了数月的时间才走出了那段阴霾，站稳了脚步，开始继续朝"健力"前进。

而有人却对"人情味"持主观刻板偏见，认为"人情味"

第四章 ▶ ▶ ▶
如何遣词造句

是一种无能的表现。的确，有些人天生就比其他人更"有亲和力"。拥抱"健力"的一个重要目的就是要将我们从兔子型人格的枷锁中解救出来。摆脱兔子型人格后，我们要避免走向另一个极端，去拥抱霸王龙型人格。而滑向霸王龙型人格深渊的入口的通关暗语便是以下行为，这些行为通常让人厌弃、鄙夷或惶恐不安。以下暗语便是我们屠龙术的猎杀对象。

指名道姓，扼杀异己

直觉告诉我，如果你骂别人是"屌丝"，或者批评别人的主张比福特平托车（Ford Pinto）更不堪时，你已经被霸王龙型人格附体了。（不过，说真的，福特公司怎么会推出一款动不动就爆炸的车型？——这也就罢了，爆炸后车门还会卡死，这是要把司机活活烧死吗？）虽然我们可能不会经常屈服于明显的谩骂和对想法的抨击，但当我们感到被忽视、被低估或受到威胁时，我们往往会使用更微妙的战斗词语。有时我们甚至不知道自己在做什么。"你没有满足我的要求。""我的上一个助理从来没有问过这么多问题。""这个想法永远行不通。"有时候，这种略微隐性的尖酸刻薄的言辞杀伤力更大——因为受众往往会选择隐忍，不会直接打断。

用反话呛人

"你这人怎么回事儿？""你觉得我会赞同你的观点吗？""你是想让我吼你是吧？还是你就是个白痴？"如果不是诚心实意地虚心请教问题，而是一种带有人格冒犯的诘问，那么，你就是在与恶龙共舞。大家都看过儿童节目，节目中任何父母在给孩子提建议时都会先深呼一口气，这正是我们需要学习的。无论你要说什么，请先在心里默默地从一数到四，然后再开口。要经常警示自己，今后一定要克制自己，再也不要像霸王龙一样霸道。

死要面子活受罪

死要面子的人通常喜欢说"我没事儿"。之所以将其归入霸王龙型人格而非兔子型人格，是因为喜欢说"我没事儿"的人，其实并非真的没事儿（事实上事儿可能还不小）。哪怕心中怒火中烧，他还是会死要面子。这种看似积极实则消极的谎言其实只是在骗自己而已。我们需要的不是这些，我们需要的是"人同此心，心同此理"式的真实感受。例如："今天开会时，你盗用了我的观点，将叠衣机器人的理念窃为己有，这让我很失望。"说完这句话后，可以进一步询问对方准备释放什么善意。

"以后开会，如果你能不偏不倚，不贪功，全面阐述团队的理念和贡献，我会表示感谢。"

爆粗口

"我们把它炸了。"

"今晚我们就'搞'定这件事。"

"信不信老子弄死你。"（哪怕你是自己骂自己）

日常用语中充斥着暴力用语。虽然它们可能会让我们感到强大，但最终它们会消解积极的影响。我是经历了惨痛的教训才认识到这一点的。我曾经做过一个广告策划，其中用了"说服"一词，广告词如下："在我的反复说服下，活动组织者才给了我发言的机会。"这份广告最终的命运是被客户撤换掉了。今天，我依然在大量投放广告，但是却再也不敢开任何此类玩笑。有时我们的暴力语言几乎听不见。在这些情况下，我们的意图通常是卑鄙的，我们会含糊地说出一些消极攻击的话。"你真是个笨蛋！"把这些刻薄的话也省略掉是个好主意。

"健力"时刻：不再说话，面带微笑

要想将"健力"表达得淋漓尽致，就必须摒弃那些会破坏你影响力的言辞。本章我们已经探讨了几种主要的冒犯性言语。但是，有很多消极性词语是以"思维断档语"或"填充词"的形式出现的。所谓"断档语"或"填充词"是指在不知道下一句该说什么时所说的无意义的词或短语。没错，我说的正是"嗯""啊""这个""那个""所以""大家都知道吧"以及"是吧"等词。当我们的大脑跟嘴巴不协调时，这类词就会冒出来。殊不知，这些词会严重损害我们的"健力"形象。幸运的是，要想避免说这类词并不难。诀窍就在于"停下来，不再说话，面带微笑"。当思维断档时，哪怕话说了一半，也一定要让自己完全停下来。面带微笑，深呼吸，直视听众的眼睛（既不要抬头看场上的灯光是否明亮，也不要低头检查鞋面是否磨损，鞋带是不是开了，无论如何都不要这样做）。这个过程可能持续 0.01 秒，也可能持续了 30 秒，一定都要抵制住"思维断档语"的诱惑，要将交流而非纯粹的语言交流放在首位。

说明：请将你在说话或演讲期间思维断档、大脑出现空白时经常使用的求助性的"填充词"（或短语）列出来。不确定自己使用了哪些求助性词语？找生活中和单位里信得过的朋友

或同事问一下，一定要真诚。记住，每当卡壳，这些求助性的
词汇想要脱口而出时，停下来，不再说话，面带微笑。（是的，
我又来现身说法了。在刚开始学习演讲时，我很喜欢说"嗯……
嗯……嗯……哪……"每次回放自己以前的演讲录像，我都尴
尬得要死，囧得喘不过气来，因为我几乎每隔一分钟都会"嗯"
一次。后来，也就是几年前，我下定决心"停下来，不再说话，
面带微笑"，经过一个月的努力，终于根除了这个坏毛病。）
你当然也做得到！

问题与反思

你都用过哪些求助性填充词？什么时候这些词你用得最
频繁？

在培养"不再说话，面带微笑"的习惯的过程中，你的那
些"思维断档语"（无论有与否）会经历怎样的变化？

在不确定下一句该说什么时，"不再说话，面带微笑"的
习惯或做法对鼓足你的勇气，让你更有自信方面起到了什么
作用？

我做线上培训课之初，有个特别喜欢我，我也十分喜欢她
的学员。她十分喜欢我对即将上线的网络内容的构想，于是便
找到我的网页编辑，请她制作了一张一模一样的模板——只是

替换了人物简介的细节和具体的项目内容。幸运的是，当时我已经拥抱了"健力"，热情地和她们两人共同解决了这个问题。一年多以后，类似的事情再次发生。只不过，这次这位和我身份一样，也是一名演讲培训师。她打着我的旗号，借着某场活动的名头，盗用我的免费培训课以及产品推介邮件中的大量信息，用以推广自己的市场。盗窃他人财物，无论其形式如何翻新，都是极其恶劣的行径。但是，她或许可以时不时盗用你的部分话语和理念，除非有你的授权，否则她永远也无法盗取你的能力和视角，这才是真正的"独门秘籍"。

发现（或更准确地说是明确）自己的话语权，借助内在的力量，用事实说话，勇敢地、大声地讲述自己的观点，必然会经历理性、感性、生理适应性三个必经阶段。在前四章，我们已经探讨了迈入"健力"的思维过程和感性过程。下一章，我们要探讨身体和生理在迈入"健力"过程中的作用。比如，我们能从肚子咕噜噜响中读出什么信息？并据此采取什么行动？尽管在身体不适的状况下这样做很不合时宜（事实确实如此），我们还是要不畏艰险，对此进行一番探讨。

CHAPTER 5

第五章

有话直说，不是有什么说什么

知，而后觉。

——哈利勒·纪伯伦（Kahlil Gibran）

　　我爱自己的每一个客户。毋庸置疑。不给他们我的手机号码或在破晓时分给他们打电话是一件痛苦的事，因为我醒来时想到了他们的一个演讲。我从来不相信工作和生活是分开的，如果我不想带客户去家庭度假，我也就不想指导他们。我的客户，无论男女，我都把他们当成家人。（男性在我的客户群中只是极少数人，但是他们没有因此而退却，而是举起手臂大声说，"我也要迈入'健力'的行列"——我也喜欢他们。）每次和潜在客户聊天后，我都会有"甘之若饴"之感。而如果没有这种感觉，我就不会接纳这个潜在客户，除了那一次，无一例外。

　　那是几年前的事儿了，当时我满脑子想的都是怎么多赚点零花钱。正在这个时候，来了一个自称想参与我的项目的人。她是朋友的朋友的朋友推荐来的，希望我可以在演讲方面给她更多动力。我们叫她戈雯（Gwen）吧，在电话初步沟通阶段，她并没有说错话，但我反倒觉得刺痒难耐。我迫不及待地想要撂下电话，好好地冲个热水澡。当天晚些时候，我给她写了封邮件，介绍培训项目的报名细节。写邮件时，我只觉得口干舌燥，胃里、喉咙里像塞了墨西哥青辣椒一样火烧火燎。心里默念，希望她看到邮件后不要再和我联系了。事实上戈雯是一位非常漂亮的成功女性，但不知道什么原因，我就是不想和她一起做这个项目——一想到她，我都会浑身上下不舒服。

三周后我收到了戈雯的确认函。两三通电话后，戈雯得知她被邀请为我所属的一个组织做一个很有声望的演讲。她想知道是否能来两天，亲自和我一起工作。这是件大事，因为我住在拉斯维加斯，而她离我有数州之隔。因为在前几次网课期间，戈雯和我聊到了她的童年往事，她自己分析正是这些经历让她不信任女性，多年来一直期待着别人（尤其是年长的男性）的认同。每次我试图提起演讲训练，以及和演讲训练有关的事情，也就是她雇我来做的事情，她就会说："你只需告诉我该说什么，该怎么说就行了——你擅长这个，我只要听你的就行了。"为了这临时增加的两天的面对面的培训，我下了很大的力气。因此，当她告诉"机票已定好，两周后见"时，我备受鼓舞。

戈雯一到拉斯维加斯就得了上呼吸道感染。她躺在病床上，让我就在床头给她上课。她在床上扭动着，呻吟着，我试图在旁边将她断断续续的想法拼凑在一起，让它看起来勉强像一篇演讲。就这样一直折腾到三更半夜，直到第二天我才发现，经过她"下"我"载"的东西，竟然和她"下载"的 TED 上某个演讲分毫不差。等到我们一起工作的第二天 5 点，我就迫不及待地结束了这两天的特训。几天后，戈雯给我发邮件，表示这一次已经下定决心要把这么重要的演讲准备好，还表示希望我能再花点儿时间和她见面。这一次，我斩钉截铁地拒绝了她。

我们在一起的两天里，戈雯竟然都拿不出一份像样的演讲稿，这让我觉得糟糕透顶。我后悔自己没有当面直截了当地斥责她剽窃他人的劳动成果。更让我后悔的是，当戈雯埋怨我不迁就她的作息（她要求我每天早上 5 点钟开始上课）、当她斥责酒店的服务员没有按照她的意愿马上满足她的种种要求时，我竟然咽下了这口恶气。而最让我后悔的是，身体的不适和反感早就给了我警告，我却置之不理，仅仅因为钱给得多。

我最喜欢的一个老师曾经说过，万不可相信自己的身体和直觉，它只会让你浑身不适。吾爱吾师，但我无法苟同她的观点。直觉是一种超越经验和事实的认知能力。人之所以会反胃，恰恰是因为不相信自己的所见所闻等体验。有时候，我们的直觉会不停地喊停，就像母腹中的胎儿跃跃欲试，想做黑带高手。而有时直觉又是一个又一个的巧合，或似曾相识的梦境，告诉我们"是的，就是它了"。突如其来的直觉是我们最好的导师，指引着我们该怎么说、怎么做。

生活中，直觉会以不同的方式呈现。有时，直觉就像风中摇曳的枝丫搔动你的胳膊，仿佛在告诉你："你现在的想法很重要哦——要小心留意。"有时候，它是我们头脑里会莫名其妙冒出的一个想法。例如，某天我突然想，"小历，咱是不是该升级到头等舱了"——一天后，我就收到了航空公司的通知邮件，我的积分已经达到升级为头等舱的标准了。

如何与直觉对话

在我刚担任交流和领导力教练时，我还在犹豫是否该向企业客户传授倾听直觉这个理念。我担心她们会认为我的想法过于新奇，会将我的直觉理论直接扔进垃圾堆。几年前，我曾收到一份长期咨询合同，请我为即将走出课堂、步入岗位的新护士设计并实施一套培训方案，以提升她们的沟通和领导能力。接到单子时，我就已经意识到，自己要做的不仅是辅导她们如何在令人不适的场合发出自己的声音，更要教会她们善用直觉。现在，护士们通常没有接受过如何善用直觉之类的专门训练。她们所学的课程、接受的培训往往与她们的直觉是相抵触的——就像她们不被鼓励超越（或反对）医生或更有经验的护士一样。当时，我恰好正在阅读《关键性对话》（*Crucial Conversations*）一书，作者提到了他们所做的一项研究。该研究发现，在世界范围内，当护士们发现某人（尤其是医生）"偷懒，能力欠缺，或行医不规范"时，每12名护士中只有1人会指出问题。然而，如果只有8%多一点的护士（是的，这太令人震惊了，我需要重复一遍）敢说出来，那么除了护士需要培训如何展开关键性的（或者我更愿意称之为"别出心裁"的）对话之外，还能得出什么理性的结论呢？

关键性对话和直觉是相辅相成的关系。我的母亲就是一名护士，我知道母亲有多次直觉告诉她"不对劲"的经历，她自己也觉得有责任把直觉讲出来，因此也挽救了很多条生命。我觉得有必要说明的是，直觉可能会让护士们察觉到医学上未能发现的问题，所以护士们需要勇气大胆地说出自己的直觉。在培训期间，护士们像同丈夫或其他家人说的那样，"讲述"曾经按照直觉告诉她们的，而不是按照"惯例应该怎么做"的经历。她们纷纷加入了小组讨论，并对彼此的相关经历做了评价。通过小组讨论，护士们发现这种讨论对她们帮助很大。她们以前也有相似的经历，但是却不知道是直觉在背后作用，因而也无从解释自己为什么要这么做。现在，她们明白了，是直觉告诉了她们问题出在哪儿，是直觉告诉她们应该怎么做。

　　培训期间，一位护士和我们分享了她的一段经历。有一次，直觉告诉她，某个病人可能会对药物产生不良反应（尽管查房时医生说一切看起来都很正常），她便将情况向护士长做了反映——事实证明，她的直觉是对的，那位病人果然出了问题。另一名护士也分享了她的经历，她曾怀疑某病患隐瞒了自己的尴尬（但很重要）病史，后来一查，果然如此。但是，很多护士都反映，随着临床经验的增加，当她们发现自己的直觉和"惯例"相违背时，她们开始越来越怀疑自己的直觉，因为，直觉有时候会和自己的过往经验不符，让她们产生出相信直觉是"不够专业"的表现的念头。

　　正如本章开头所述，直觉不存在有人有、有人没有的问题，每个人都有直觉。但是，并不是所有人在感知到直觉后，都能充分利用直觉所传递的信息。要充分利用直觉，首先要学会认识直觉。请思考以下问题，如果你经常遇到这样的问题，那么答案就是"是"（请相信自己的直觉，不必反复思考这个问题）。反之，答案请填"否"。

　　A. 当你走进一个房间，你通常是否能察觉出房间内的人的态度（是友善、好奇、急切、漠视，抑或是敌意）？

　　B. 当你第一次遇见某人，你是否能靠直觉判断出她或他是否值得信赖？是否是一个诚实的人？你的直觉通常是否正确？

　　C. 在面对人生重大抉择时：当你坚信一定有比专家和自己

所爱的人更好的办法时，你是否会按照自己的直觉来做决定？

D. 你是否曾有这样的经历，你感觉有人会打电话过来，这时候电话铃真的响了？

E. 你觉得某人会给你打电话，结果拿起电话，果然是他。

F. 一件东西丢了，你是否能靠直觉找到它？

G. 你是否有这样的经历，头天晚上困扰你的问题，第二天早上一觉醒来你就找到了答案？

H. 你是否预感某事肯定会发生（无论是好事还是坏事），而随后发生的事证明了你的预感相当准确？

I. 你需要和某人就某个重大决策和项目进行沟通，而恰在此时，你就遇上了那个人。

J. 在你想说某句话，想做某件事，或在某件你无法掌控的事情发生前，看到了某种预兆（图片、数字、字词或图案）？

运动型直觉

如果 A、B 或 C 三题你的答案是"没错，是的"，那么你的直觉就是运动型直觉。所谓"运动型直觉"是指你感受到了你身体的召唤。也许你也像我一样，觉得胃里不舒服。抑或你可能觉得好像小猫咪用胡须在你怀里蹭来蹭去。又或许你会觉得自己的体重似乎发生了微妙的变化——当你的身体告诉你你的感觉没错，你就会感到自己不由自主地想往前进一步；反之，你就会不由自主地往后退缩，你的直觉在向你发出信号，停，不要毁了自己！

认知型直觉

如果 D、E 或 F 题你的答案是"没错，就是这样"的话，那么你的直觉至少部分是通过认知型意识获得的。换而言之，你有强烈的直觉，即这本书中我一直强调的"啊哈，果然如此"。你就是知道这些事儿，你的直觉没错（无论你喜欢不喜欢这样的感受）。

经验型直觉

如果 G、H、J 或 I 题的答案是"没错，是的"，那么，你的直觉就是经验型直觉。经验型直觉指的是在正确的时间、地点，正好看到了该看到的一切，因而你知道接下来会发生什么事儿，又或者事后想想，觉得真是无巧不成书啊。（是不是起了一身的鸡皮疙瘩？）

自己的反馈也很重要

我的家人都很喜欢舞蹈，尤其是我的外祖母，但她只在家里跳过，她梦想自己的女儿中至少有一个能够成为芭蕾舞演员。她的两个女儿都学了跳舞。我的母亲以前上过芭蕾舞班，还曾作为准职业芭蕾舞演员参加过演出。直到人到中年，她发现自己更喜欢交谊舞才转行。而我的小姨十几岁便进入了纽约市芭蕾舞团（New York City Ballet）［相当于橄榄球运动员在中学便加入了美国职业橄榄球联盟（NFL），或体操运动员在小学就参加了奥运会］。在荣获乔治·巴兰钦艺术成就奖（accolades from George Balanchine）后，她走上了百老汇的舞台，并且开始在荧屏上绽放光芒。

我的成长过程是幸运的，曾经站上过舞台的母亲并不支持我练芭蕾舞。事实上，她曾反复告诉我："千万不要以舞台为生。我可不希望你因此而伤痕累累，或者到 30 岁就失了业。"但是，我的血液中一直流淌着对芭蕾舞的热爱，所以，4 岁那年，我便要求母亲给我报芭蕾舞班。小学一年级时，我便拿下了全校年度才艺秀。等到搬家到了纽约后，由于家里没有跳舞的地方，我便在超市的进货通道，一手拿着水果，一手拿着蔬菜跳舞。这样做的结果是，尽管不太喜欢开口发表意见，我却很喜欢表演。有时候，我还会去当地的盖尔森大卖场（Gelson's Market）做即兴表演。

我热爱编曲和角色扮演，我所要做的就是掌握别人的步骤或语言，我感到快乐和安全，就像一个大四的学生拿到了翘首以盼的研究生录取通知书一样。渐渐地，我养成了一种习惯，把自我价值等同于我从舞蹈和后来的表演中得到的赞美。长大后这种习惯也越积越深，以至于在一场摇滚音乐会上落下了严重的偏头疼的毛病。从此，我开始渴望通过学业成绩来博取他人的赞许。比如，一定要比别人修更多的课外学分，一定要在学习上名列前茅，一直持续到研究生毕业。在我职业生涯的早期，我会通过比同事更努力地工作来寻求更高层领导的认可。如果你认为我会自我突破，意识到问题的严重性，从这些习惯中解放出来，那你就错了。现在，创业的我稍不注意，就会设定一些无法企及的标准来衡量自己的表现。譬如年营业额、邮件订阅量、项目报名人数等，在一一实现它们时，我不得不格外小心，以免将自己所做的（或不做的）和自己到底是谁混淆。

在生活中，很多女性太在意其他人的看法了，表现在生活的方方面面。从长相到学习成绩、工作表现，从体育、艺术特长到相夫教子、持家之道，都要靠别人的看法过日子。我并不是说我们可以对别人的看法置若罔闻。如果一个陌生人告诉我牙齿上沾了菠菜，我会心存感激；如果团队成员向我抱怨，我对截止期限的坚持比考拉对桉树的坚持还要执着，我会很欢迎。我们应该对外界的反馈保持开放的心胸，唯其如此，我们才能提升自己拥抱"健力"的能力。同样重要的是通过你的直觉来过滤别人对你的看法。并非所有人的反馈意见都需要我们照做不误，或者存档并重新审视。当我凭直觉知道我已经在电子邮件上给人们写了一份极具爆炸性的时事通讯，会有人给我回邮件，告诉我我对某个社会问题的看法考虑有欠周全或大错特错，一般情况下我绝不会有任何动摇。同样，如果我倾尽全力认真准备演讲，此时有人（或很多人）在社交媒体上对我的演讲不屑一顾，甚至在留言区口出恶言，我也会送上我的祝福，不会删了这条留言。如果某个客户给我发邮件告诉我并不喜欢我们敲定的演讲方案，并希望换一种方式。如果此时我的直觉没有掉线的话，我一定不会对收到这样一封邮件吃惊——我可能已经初步想好了一份大致的行动方案，来扭转方向，使演讲方案重新回到正确轨道上去。所以，当我们将自己的步调和直觉协调一致后，无论别人说的或做的，都不会使我们偏离正轨，因为我们不知道别人的反馈是对是错，而我们尽量会给自己反馈，我们知道我们自己的反馈更重要。

　　你会评估别人给你的反馈吗？还是会不假思索地全盘接受？

对于别人的反馈——无论是针对我们本人的，还是针对我们所钟爱的事业的反馈，我们即便不加以辩驳，也需保持质疑的态度。可以想象一下，如果麦哲伦（Magellan）对地球是平的不加质疑的话，世界会怎样？首先，我就不可能像现在这样坐在飞机上，用充满杀气的眼神扫射 22E 号座位上那个鼾声雷动却连个口罩都不愿意戴的家伙（感冒期间乘坐飞机，请务必戴上口罩）。先不说有道理的咆哮，当别人主动给你反馈的时候，你怎么能做到开放、不设防呢？你如何运用你的直觉来判断你是否想要接受它呢？

我在研究生院的暑期戏剧强化班遇到了我最亲密的朋友乔什（Josh）。乔什和我一样，都是很有主见的人（所以才会成为朋友）。我们当时正在筹划一出戏，乔什的学生任该剧的导演。那年夏天，我们两个花了不少时间给那个学生出主意。乔什向他的学生导演提出了如何创作我们一直在创作的戏剧作品的想法，那个学生直接告诉他："谢谢你的建议，乔什。我先谢过了，回头考虑一下。"虽然乔什当时恨不得给那个女生一拳，然而我却相当钦佩她的直率和坦承，女生显然知道自己根本不需要别人的反馈意见。这就够了。无论你目前对别人的反馈意见持何种态度，当你决定把别人的意见拿出来认真考虑时，请提醒自己，聆听直觉的声音是增强"健力"的好办法。以下便是我最喜欢的聆听直觉的办法。

"健力"时刻：摆脱恐惧，倾听直觉

说明：请在安静的地方，静下心来，再做以下练习。如果你已经准备好了，请读以下提示。读完之后，请闭上眼睛，像过电影一样回忆一下你刚才读到的内容。如果无法记住个别词句，也无须担心。你只需尽可能想象这些问题，无须急着给出答案。顺其自然，想到什么就是什么。

想象一下，你美美地睡了一晚，早上醒来。你还躺在床上，盖着被子，舒适、惬意，懒懒地看着太阳走进你的房间。你闭上了眼睛，让阳光温暖你的全身，唤醒你的每一个细胞，走进新的一天。阳光首先倾泻在你的脚趾头上，慢慢地，慢慢地，在你的腿上，屁股蛋上，小肚子上。紧接着，在你的胸前、背上、胳膊上。然后，温暖你的双肩，面庞。你的全身被温暖包围，在阳光下焕发着生机。你坐在这如水的阳光下，突然意识到一个问题，一个呼之欲出的问题。这个问题你无法捕捉到它的全貌。你只知道这个问题很重要，所以你无须操之过急。等它自己来吧，等它来。

问题与反思

你是否有一个呼之欲出的问题？

如果确实有，这个问题为什么会冒出来？

你如何确保自己每天能腾出一定的时间，来纾解恐惧引发的心理矛盾，为聆听直觉腾出空间？

如果你能花更多时间来理清烦琐的思绪，找到自己的直觉，并将直觉发出的声音运用到自己的生活中，我敢打赌，你就会发现，将自己想说的话原封不动地说出来，不仅能够将你希望传递的价值传达给对方，也会将传播自己的理念和信仰这件事变得轻轻松松。不管是对于我，还是对我辅导过的女强人来说，都是如此。通过提升自我辨识、信赖直觉，乃至遵从直觉来行事，你就会赢得对方的信任、深化双方关系，最大限度地让对方接受你的观念——若如此，你就会发现开口说话并没有那么难。

我希望你能骄傲地、不卑不亢地说出来，享受万众瞩目的时刻，无论是在会面、会议还是一个更大的舞台上。下一章，我将和你分享如何构建各种形式的沟通交流——通过这种交流，你就可以将自己的内在认知转化成现实的影响力。我会给大家推荐一种坦率真诚、简单易行、稳妥保险的方法来架构你的交流。你会发现，自己所要传递的信息能够将你和你希望能够影响、并让他们付诸行动的人们轻轻松松地联结在一起。

CHAPTER 6

第六章

强大的沟通框架——逆向思维

无目标者，难有所成。

——阿甘（福雷斯·甘）（Forrest Gump）

那天，当时还是男友的斯蒂夫（Steve）问我："你愿意嫁给我吗？"他当然是明知故问，我心里早就有了答案。在我看来，一个更重要、更紧迫的问题是：我想成为一个什么样的人？当时，我一年到头赚的钱还不够还学生时代的贷款，除了负责一个项目并兼任着另一个项目的项目经理外，我还在多所大学担任临时教员。此外，除了周末，每天晚上我还要去一个实验剧场参加演出。尽管日夜奔波，却只够勉强支付房租。那时，我住在曼哈顿下东区一栋连电梯都没有的公寓五楼。我没有花家里一分钱，完全靠自己养活自己，而比起剧团那些天天端茶递水、做着消磨意志的打杂工作的朋友们，我的状况还是要好得多。但是最遗憾的是，我没时间陪刚成为我未婚夫的斯蒂夫（斯蒂夫还差两个学期才毕业，已经被我忽悠得横跨大半个美国，来到了纽约这个世界上生活成本最高的城市）在一起。

在斯蒂夫向我求婚不到一周后，我心里也有了当我步入婚姻殿堂时，我要成为一个怎样的自己这个问题的答案。我要做一个能掌握自己的时间，实现财务自由的培训师。明确了目标之后，我就大胆地踏上了逆向思维之旅。先从愿景出发，再确定要实现这个目标所需的几个主要步骤：如何设计推销话术，如何制定报价策略，如何招揽客户等。当然了，还要向老板提出请辞，挂出自己的招牌正式开张。

我已下定了和老板提出请辞的决心，于是在接下来的两天里，我又找了几份教学兼职来弥补即将到来的辞职所带来的经济损失。一方面，我不希望还要继续为生计焦虑，另一方面，我也希望自己仍然能有一笔可观的医保。而要达到这两个目标，我需要再赚上万美元。所以，正式请辞之前，我必须说服老板挽留我，并且同意我继续主持目前正在做的这个项目。不仅如此，我还必须说服他允许我可以不用到办公室上班，并且还能给我保留一名助手，帮助我完成项目。对于一个为首批客户提供每个月 3 次、每次 45 分钟的面对面培训，却只收取 100 美元培训费的女孩子来说，竟然雄心勃勃想在培训界开创一片新天地，真是太厚颜无耻了。

打算请辞前的那个周末，我争取到了一个去维尔京群岛（Virgin Islands）的圣托马斯（St. Thomas）给教育界人士做培训的机会。在去维尔京群岛的路上，我反复拿捏着该怎么把辞职这张牌打出去。好在当时我有大把的时间。在飞机上，我琢磨它；在宾馆的路上，我也反复推敲遣词造句；在海滩漫步时，脑中也在斟酌，甚至在大海里游泳时，脑袋里也不闲着。此前只敢在海龟面前滔滔不绝，一想到要当面向老板请辞，便两股战战的我，经过一天多的反复思考与练习，后来的我终于不再惶恐了。

当我在接下来的周一回到工作岗位时，我立刻了解到，在我的岗位上，有一半以上的员工因为我们的一笔大额奖金没有续签而被解雇了，而我竟然不在裁撤之列。幸存者的罪恶感已经压在了我的心头。我一走出电梯走进办公室，就感到胃里翻腾，使我对自己的计划产生了严重的怀疑。办公室里，我的两位上司正在讨论下一步如何打算。他们先是告诉我，我的朋友们都将在两周后离职。接着又告诉我，公司已决定让我继续主持目前的项目，并且他们还向我保证，绝不会让我丢了这份工作。然而，我却怎么也开心不起来。

尽管如此，我还是决定坚定我的计划。幸运的是，肌肉记忆恰到好处地派上了用场。我把握住了开场白和接下来的每一拍。我先解释了辞去目前这份工作的原因，中间迅速喘了一口气，马上又抛出了希望担任公司顾问的建议。我以为提出这项不合时宜（时机的选择也确实很成问题）的建议的确很冒昧，估计两位上司也不敢擅自做主，告诉我需经高层商议后，才能给我回复。但是我始终动之以情，晓之以理。所以在总结陈词时，我的嗅觉告诉我，这两位上司（很可能正是他们替我保住的工作）对我的决定非但没有生气，还隔着我的彩色护目镜，猜透了我的葫芦里卖的什么药。几周后，我终于拿下了工作以来的首个订单价值上万美元的客户——而这个客户，正是我自己创办的公司。

目标结果为导向

无论是要准备演讲，薪资谈判，销售演示，还是要求辞职并立即被重新聘用为顾问。我们大多数人从头到尾的沟通方式都是一样的。警告：这是错误的方式！不管玛丽亚在《音乐之声》中唱的是什么，当你"从头开始"时，并不总是"一个很好的开始"。因为你经常走的路并不能把你带到你的目的地。所以，我的建议是，无论做什么事，从提出行动纲领开始。

你希望听众在听了你的想法、感悟之后，采取何种行动？

以上述目标为导向，一路逆行，从终点出发，向起点挺进。确保你的任何提问都必须能够引领听众抵达你所期望的目的地。

如果任性地把自己的意图放在首位，那么见到我的老板那一刻，我很可能就会说："我找您是想告诉您，两周后我打算辞职。"然后告诉我的上司，我多么珍惜为公司效力的机会。如果照此方式进行，我敢肯定，我绝对不可能得到自己想要的结果。我更不可能在接下来的三年时间里继续给公司做顾问，却不用到公司报到。我将不得不把现在的项目交给我的朋友乔什来接手。当然，我也绝不能一开始就提出不用报到的提议。为什么？因为在别人看来这么做完全是在为自己打算，而不是在为"他们"——即公司着想。我完全可以不必给人留下这种坏印象。相反，当我明确了自己想要的结果——即去职但保留顾问职务。对我来说，在见上司时，我必须把谈话的重心放在当时我所操盘的项目的下一步愿景上，比如怎么做才能让该项目更好地服务于教育界和我们社群中的年轻一代，在此基础上，如何确保我们公司从中扩大收益和利润。以上信息就像一个过滤器，我所说的一字一句都必须服务于这个目的，经过它的检验。所以，我问了自己以下几个问题：我所说的话是否能够让我的上司看到我的愿景？我的理念和想法是否挑战了他们的底线？能给我们的社群留下什么遗产？我从目标结果出发，逆向推导，来审视自己的一言一行。"我希望能够实现自己对该项目的愿景。鉴于该项目由本人主持，因此，离开了我，该项目就很难为继，最终可能沦为一场闹剧。公司是否愿意考虑请我继续担任该项目顾问，让我们一起期待该项目会如何大放异彩。同时，可否给我配备一名兼职助理，这样公司就能随时了解项目进度，也可以了解到每一步的运作程序。"

随着逆向思维的层层推进，我一步步推导出了每一步该说什么、怎么说。我不仅要强调继续推进该项目的重要性，同时还要突出自己在推进这个项目中不可替代的独特优势——我的经验与人脉不仅能够帮助我们拉到更多教育界的客户，而且可以更充分地利用我的品牌效应，提升社会对公司的认可度。（在当时，我还只是在负责项目的整体规划，并未具体参与争取客户等事宜）在做该部分事由陈述时，我还要打下伏笔——我最近所接受的关于培训方面的训练将为我们的教师培训计划提供独特优势，使其如虎添翼，并使该项目更加符合我们公司的使命。

进一步进行逆向推导的过程中，我意识到，在亮明自己的方案之前，我需要把自己的思路从辞职切换到我的新工作和推动我主导的项目是一致的这个思考之中。我一步步逆向推导，直至推导出开场白。在此过程中，我不断地问自己，"我要怎么说，才能让我的上司觉得这个项目离了我就玩不转？"所以，我并没有以"我要请辞"做开场白，而是说："在各位领导的亲自教导下，我也成长为一名杰出的教育人士、戏曲艺术家，卓越的培训师。我有了一种强烈的使命感，它召唤着我要力争上游，避开自己不擅长的行政性工作。经过深思熟虑，我已经下定决心在三个月后做出改变。"

是的，我提前三个月请辞（这是有很大的风险的）。因为我清楚我的上司在我身上下了多少心血，我希望能效法他们，在这期间培养一个合格的接班人来接替我的位置。而要做到这一点，我需要清晰地厘定自己的各项工作职责以及交接事项，并制订出一套坚实的可行性计划。在陈述自己的想法时，我更多的是用事例来支撑自己的论点，而非简单地直接陈述自己的想法或期望。我还不断地抛出上司关心的问题，如他们的期望和忧虑。"对您二位和公司来说，怎么交接才算真正的无缝对接呢？"

"着眼长远来看，我该怎么做才能确保接替我的人能出色地完成任务？"

"在成本递增的同时，我们如果能使职业培训项目翻番，能为二位和公司带来何种收益？"

这最后一问就为我提供了一个切入点，公司给我发放的咨询费不再是人力成本，而是摇身一变成了一种战略投资。

以目标结果为导向，你就可以最大限度地释放自己的影响力。不仅如此，在准备推销自己的理念时，它还能帮助你对自己可能体验的情绪和感受进行情绪管理。"是的，我有一个大胆的想法，这个想法即便可能不受欢迎，但是我必须讲出来。如果不被接受，我当然会很痛苦，但总好过自己憋着，自我设限"，当你心中产生了这样的想法时，你就会觉得很恶心，那感觉仿佛臭虫在你的体内交配一样。如果你知道臭虫的交配仪式何等惨烈，你就知道我可不是在开玩笑。（你可能有所不知，雌性臭虫没有外生殖器，雄性臭虫必须用自己的生殖器刺穿雌性臭虫的腹部，才能完成交配。好吧，给你几分钟的时间消化一下。）

言而总之，通过逆向思维，可以将生理反应和思想斗争转化成某种创造力。逆向思维是一种对思想的雕琢，它让你知道自己该说什么，该怎么说。从而使我们避免反复犯错，最终引导我们走向正确的道路。

从循循善诱的交谈到成功的演说

逆向思维过程也同样适用于演讲。在演讲课上，我总是要求学员首先要明确自己要召唤听众采取何种行动。无论你是希望听众改变对某项立法的看法，还是劝说他们加入你的高收费培训班。只有明确了自己的终极目标，弄清楚该说什么、该怎么说才能引导听众一步步走向你设定的目标，才能最大限度地施展你的影响力。这就要求我们将聚光灯转移到我们期望影响的群体身上，弄清楚我们期望他们怎么做。只有这样，在我们表达自己的观点时，我们才能将自己从演讲的作秀中解脱出来。是的，你也许会问："小历，我能不能以笑话开始自己的演讲，比如说一个牧师，一个拉比，一个动物园管理员走进了一家酒吧？"

"小历，我觉得我可以以自己感染了肉食性细菌的亲身经历为切入点。我女儿献血，才救了我一命。每次我说起这件事，闻者无不潸然泪下。"

我也是女性，笑话好笑我也会笑，战胜病魔，死里逃生的故事我也喜欢。但太多的演讲者（和沟通者）把博君一笑（或寻求同情）等同于影响力。如果要用言辞来实现自己的目的，就不要讲一连串的逸闻趣事。要达到目的，需要你用语言将自己的思想呈献给受众。

假如你要办一场主题了无新意的演讲，譬如说如何铺床好了。本人在铺床叠被方面实在是乏善可陈，所以还是算了，我们还是说说如何刷牙吧（本人已经 40，从来没长过蛀牙，一口珍珠白给了我自信，所以讲一讲刷牙过程没问题啦）。如果我不进行逆向思维，很可能我一上来就会大谈特谈刷牙对于保护牙齿的重要性。然后就会谈每次刷牙要挤多少牙膏，刷一次牙要多长时间，最后讲怎么漱口。不论最后怎么遣词造句，我不过是在传递某种信息，或许还有那么一点儿布道传教的味道，但是却几乎没有任何说服力。如果我不改变思路，继续这样说下去，演讲的结束语大致就是，"来，让我们一起来刷牙吧。"其效果，应该和干洗沾了墨水的瑜伽裤一样，徒劳无益。如果我能首先确定行动口号，过程就会截然不同。首先，我意识到"让我们一起来刷牙吧"这个口号并不会唤起多少听众的行动力，我的听众又不是学前儿童，所以，我必须改变策略。我确立了新的行动口号："改变刷牙习惯，一个小小（却重大）的改变，让你远离口腔疾病和口气的困扰。"当然，我的行动口号也可以是"三步走，彻底去除牙垢"，或者是"三个小诀窍，教你如何一手抱着哭天抢地的熊孩子，一手刷牙"。我们先从第一个行动口号入手，确定行动口号后，我会问自己：

在最后呼吁大家行动前，听众要听什么（以第一个行动口号为例）？怎么说才能和口号无缝衔接？

当然，我可以把答案设定为：提醒大家口腔健康的重要性。减少口腔细菌，减少蛀牙，早上多爱爱自己的牙齿（其实我是说要多做有助口气清新的爱牙运动啊）。所以，演讲的结束语我再次提醒听众，付诸行动，一个重要的改变将会让你受益终身。

我再次问自己，在此之前，听众需要听的是什么？

我的答案：我要讲一个故事，既能体现牙齿健康的利，又要体现不重视口腔卫生的弊。所以，在总结陈词凸显刷牙带我们走进美好生活之前，我要先讲述一个无家可归的人的遭遇来导向总结陈词。我有幸曾帮助过他。我们姑且称其为彼得（Peter）吧。在我们的对话中，彼得和我分享了他对家的渴望，他更渴望的是能够刷刷牙。因为不刷牙，他好几个牙齿已经脱落，这让他觉得失去了尊严。彼得的经历让我发现，自己一直把刷牙当成了天经地义的事，就像我们认为干净的饮用水和衣橱里要有衣撑一样理所当然。而有一口清洁、健康的牙齿实则是得来不易的——我们绝不能等到失去才后悔莫及。

和谈话一样，在准备演讲的过程中我同样采用了逆向思维的方法，从目标结果开始，一步步推导到开场白。在讲述彼得的故事之前，我要先讲一下口气清新、牙齿釉泽和口腔卫生等方面给我带来的积极转变。在此之前，我要先讲一下一些常见的错误刷牙方法。我就这样一直逆向推导，一步步往前推，直至确定了如何做开场白，确保自己的思路、所说的任何一句话都是环环相扣的。逐一评估所有的设计，同时确保每一句话都言之成理、令人信服。在此过程中，如果哪句话或哪个点不够合理，便可一目了然。因为我们必须确保所有逻辑链条、思路、想法都指向同一个目标，即想要的结果。

"健力"时刻：用逆向思维来设计谈话

将逆向思维的理念应用于实践，需要亲身实践。无论是你已经决定吸纳一个同事与你共创大业，然后再向老板汇报，还是你为准备一个重要的销售演示文案而对遣词造句伤脑筋，都要时刻牢记自己的目的，所有的论证和遣词用句都要从目的出发，服务于这个目的——然后一步步推导，直至开场白。

说明：正如我在本章所演示的一样，整个过程的第一阶段首先是确定你要号召大家做什么。具体来说，你希望听众在听了你的讲话或演讲后有什么思考、感受，采取何种行动。然后一步步逆向推导出你所要讲的全部内容，所要问的所有问题，直到上场时的第一句话。

请用两个问题来检验你想讲的所有内容。

在我说这一句话之前，观众需要得到什么信息？

这么说是否能引导听众，最终让听众心甘情愿地去按我的意愿采取行动？请将练习的答案记在笔记本上，或输入手机、电脑，或语音存档。

通过用逆向思维来指导沟通交流，你获得了何种体验？

通过运用逆向思维的方法来号召听众行动起来的方式给你带来了什么样的惊喜？

逆向思维来指引沟通交流会对你的影响力和自信带来何种影响？

在本章你勾勒一个具有强大功能的框架，它可以帮助你构建任何形式的沟通。对于呼吁听众行动起来同样重要的另一个因素是自信，相信自己的能力，也相信全世界都会侧耳倾听你的呼吁。自信对我们百利而无一害，请坚信这一点。要认真逆向揣摩你要说的每一句话，除此之外，也要把响应你的号召的听众也纳入你的思考之中。要乐观积极，毕竟，你无论呼吁什么都不会给你带来伤害和厄运。所以，千万不要悲观。据说，很多智者都认为"想什么有什么，怕什么来什么"，这种说法是很有道理的。以我自己的经验为例，我可以再写一个续篇，但是在此，我仅举一例。

写到臭虫那一段文字后不到三天，我就开始怀疑家里面藏有臭虫。我现在住在拉斯维加斯，外面天气炎热，接近116华氏度，一般是不会有那种恶心人的玩意儿的。然而，那天我们一起去度假时，早上我的丈夫一觉醒来，发现浑身上下都是臭虫咬的包。从酒店回到家后，他的身上还是接二连三冒出臭虫咬的伤口。后来我们请了灭虫公司来了个"大清洗"。即便如此，过了几个月，我依然怀疑家里有臭虫。不知道多少次，我半夜醒来把床单扯掉，像法医检查凶案现场一样仔细检查床垫。我一边检查一边胡思乱想，莫不是那天我丈夫第一次被咬时我奚落他的那个玩笑应验了吧。

总之，千万不要随便开此类无聊的、结果难料的玩笑。相反，要给自己时间、空间来想象一下众人在你的呼吁下行动起来的场景，你会有什么样的感受。此外，你一定要注视着自己的听众，无论你的听众成千上万还是只有一个人，要确保你们在同一个频道上。要确保听众能从你的想法中受益，不要让他们觉得像是车祸现场，撞到了毛虫履带车（是建筑工地上的履带车，不是毛毛虫啦）。下一章我们将继续讨论劝导的艺术，我会和大家分享我最喜欢的让听众买账的技巧——哪怕你活了大半辈子总是话到嘴边还是咽了回去，或者每次一想到要提出要求便坐立不安。这些妙招终将帮你战胜这一切。

CHAPTER 7

第七章

有话直说，让你赢得他人的心

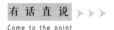

她温柔的劝导比雷神的铁锤更有力。一个融化了，另一个碎了。

——亨利·大卫·梭罗（Henry David Thoreau）

有一种人，哪怕你住高层，他也能说服你，让你心甘情愿交绿化养护费，我父亲就是这样一个人。他说："事实上，这种倾向在男人身上体现的比女人多得多。"无论是卖吸尘器、保险、轮胎，还是发电机的保修单，我父亲从来没有为要生意而挣扎过——而且他也得到了生意。我一直钦佩他的说服力。父母离婚后，我会在周末和假期去看望父亲。在我住在他那里的那个夏天，当他不得不工作的时候（父亲不相信我们在一起的有限时间里需要保姆），他去拜访客户时总会带上我。他过去常和他要见的人开玩笑说我是他的秘书——他会教我做大量的笔记，我年轻时更像他的学徒。我仔细地观察和消化他的一言一行、一举一动——他是如何做到既和老板又和老板的助手建立良好的工作关系的，他又是如何推销自己的产品，如何让客户接受他的报价，又是如何签下一笔又一笔看起来很难签下的订单，把生意越做越大。尽管20岁前，我一直在坚持不懈地努力，希望拥抱"健力"，使人生大放异彩，然而，我最初感受到"健力"，其实是在谈判领域。向公司提出加薪时，我心里并不平静，原因固然是多方面的。然而，其中的一个重要原因正是这位老板让我第一次施展出了我的谈判能力，并使其飞速提升。

第一次要求加薪时，心里并没有一个多么宏大的规划，我实在是被经济压得喘不过气来了（我意识到自己已经好久没有度假了，而斯蒂夫的学生贷款已经贷得够多了，我也不想再增加他的负担），我就在上司面前有意无意地提到了升职的事，并陈述了这么做的原因。这几年期间，我的角色已经发生了蜕变，承担了更多前所未有的新责任。上司听了后认为我说得很在理，但她很遗憾，无法给我提供一个新的职位或加薪。听了上司的回复，我不知道哪里来的"健力"，问道："那谁有权决定呢？"托上司之福，一周之后，我和集团财务副总就未来两年为我两次加薪提职的事宜展开了谈判。最后，这两次加薪提职几乎完全是按我的要求来的。现在想想，我觉得自己当时真是贱卖了自己。然而，据琳达·巴布科克（Linda Babcock）和萨拉·拉斯谢弗（Sara Laschever）的调查［参见《沉默的女性》（*Women Don't Ask*），我最喜欢的一本关于女性与谈判的书］，有将近两成女性从未参与过任何谈判。鉴于当时我才二十出头，所属的还是一家非营利性的文创公司，能两次主动提出加薪提职谈判已实属不易，可喜可贺。我和斯蒂夫终于可以去新英格兰度假了〔在那里我实现了超验主义之旅的梦想——参观了瓦尔登湖和纳撒尼尔·霍桑（Nathaniel Hawthorne）的故居〕。度假回来不久，公司的财务出纳在下班后突然找到了我。姑且叫她黛西（Daisy）吧。黛西到公司差不多一年了，她告诉我她是个新移民，她的学位不是在美国取得的，所以不被公司承认。因此，她的工资比最低工资高不了多少。她负责工资报表时得知了我两年晋升了两次的消息——这在我们这家以女性为主的公司是闻所未闻的——她也想提出升职和加薪的要求，所以找我帮她出谋划策。我当时的工作就是主持参与式职业发展培训项目，所以我和黛西一起扮演角色，为她即将到来的绩效评估做准备。我希望通过这种角色扮演让她知道该表达什么，该如何表达，并通过练习提升自信心。我扮演财务副总监，态度强硬，多次否定了她的说法，迫使黛西的说辞更有说服力。经过几个晚上的排练，黛西终于和公司摊牌了。第二天晚上，黛西回到了我的办公室，我通常在那里加班到很晚（因为在上一次和公司的交涉中，我要求调整我的作息安排，以便我能腾出时间，到当地的几所大学教授女性研究和公共演讲等课程），她分享了她谈判的结果，"谈崩了。"

那真是令人沮丧的一天，时隔多年，我敢说那件事对我的打击比对黛西的打击还要大。我竭力让自己不要朝阴暗面去想——比如，如果黛西再年轻几岁，如果她肤色再白皙那么一点，或许结果就会完全不同（也不知着了什么魔，越不想朝那方面想，却越坚定了这种想法）。一晃数月过去了。这几个月间，我在业余时间私下搞了个谈判沙龙的小道消息不胫而走。经过和我一起排练，不少同事都在谈判桌上得到了他们想要的东西，或至少有所斩获。一天下午，黛西又回到了我的办公室。她春光满面地对我说："小历，我跳槽了，赚得可不比你少。"原来，那天她找领导谈判时，领导并未完全拒绝她的要求，而是让她"等等再说"。那是她第一次真正地尝试谈判，她决定先不告诉我，开始寻找其他工作机会，找一些来美国前在国内就能胜任的工作岗位，她向当地某所对大学学历没有相关要求的机构提交了申请，她就这样被挖走了。事实上，"健力"就像我们身上的肌肉，黛西练出了一身腱子肉，取得了成功。你，当然也可以做到！

重新定义女性气质

1992 年，电影《拜金一族》［*Glengarry Glen Ross*（据大

卫·马麦特（David Mamet）的同名小说改编]①上映。亚历克·鲍德温②（Alec Baldwin）完美演绎了布莱克（Blake）这个人物。当着众多房地产经纪人的面，布莱克发表了慷慨激昂的演讲，鼓舞他们创造销售奇迹。他告诉他们，不仅要会卖，而且要努力去卖。粗言秽语中夹杂着性暗示，他边说边亮出一块黑板，上面写着"努力，步步逼近，成交！"接着，他反复重复这句话，"努力，成交！"——将这句话深深地烙在其手下的心里，促使他们无时无刻不想方设法签下单子。不幸的是，正是《拜金一族》所呈现的这种谄媚式的销售形象，让众多女性在面临薪资问题以及提出自己的要求和看法时，没有表现出她们的活力——因为它是我们许多人内化为规范的形象。谈判专家切斯特·嘉洛斯（Chester Karrass）著述颇丰，尤以《生活与生意场：谈判决定一切》（*In Business as in Life — You Don't Get What You Deserve, You Get What You Negotiate*）一书著称。诚如其言，无论我们是想让公司资助我们实现做培训师的梦想，还是希望拉到更多客户，我们在争取的不仅仅是某个具体的事物，其实是在向世界、向身边每个感受到我们的光和热的人宣示，"我有我自己的价值"。能力出众、敢于担当、向往自由，这就是我。我就像一个香薰热石按摩疗法的医师，让你在享受中解决你的

---

① 《拜金一族》（*Glengarry Glen Ross*）又译作《大亨游戏》。——译者注
② 亚历克·鲍德温（Alec Baldwin）又译作艾力·宝云。——译者注

一切烦恼。我们完全可以用自己的办法来说服对方，说服对方并非非得靠男性激素不可——这就是我们的座右铭，可惜大部分女性已将其淡忘。也难怪，我们平日所接触的流行文化、各种传媒无不在反复刻意凸显男性价值，告诉我们销售是男性的地盘——哪怕从事具体交易的是女性依然要罔顾事实。我目睹了太多不同年龄、不同种族、不同阶层、不同行业的女性都有一种根深蒂固的、往往未意识到的恐惧，她们担心要求自己想要的东西会破坏她们为自己培养的亲和力。对她们来说，哪怕是正常的自我表达也会动摇她们的世界观。正是由于这重恐惧，她们宁愿永远藏在兔子型人格面具之后，也不敢越雷池一步，哪怕霸王龙型人格者也莫不如此。我怎么知道这些？

在培训学员时，我总会问同一个问题："如果你勇敢地表达自己的看法，或提出正当要求，或推销理念、产品时，对你来说，最糟的结局可能是什么？"而我得到的答案大同小异，无外乎："会被别人看扁。"丢掉工作（或损失重要客户）并不是她们最担心的，恰恰相反，（无论是在臆想世界，还是在现实世界）担心丢工作的仅仅是个例。我要说的是，每当我得到这样的答案，我仿佛看到了多年前的自己，仿佛某个人手拿一把手术刀，朝我的大动脉刺来——这种痛苦，与忍气吞声后，全身上下的氧气一点点被耗尽所带来的痛苦相比，也差不了多少。就让"努力，步步逼近，成交"这种男性化口号永远停留在 20 世纪 90 年代，成为流行文化的历史符号吧，是时候把它扔进历史的垃圾桶，打破枷锁，把广大女性从这种销售领域特有的恐惧中解放出来了。我们需要的是另一种全新的正向约束机制，来为我们赋能，让我们更有勇气为自己、为他人而仗义执言。可以让我们用优雅战胜强力，用合作战胜胁迫。因此，我郑重建议："为达成神圣的交易而努力。"

是的，"神圣的交易"。

"神圣的交易？"你心里直嘀咕，眉头蹙作一团，觉得心里堵得慌，反胃到了嗓子眼。尊重那些我们试图影响的人（同时尊重他们说"不"的权利），最大限度地争取他们利益的最大化，并以此为自己的价值取向，陈述自己的观点，那么我们就是在以"健力"践行神圣的事业。在我成长的过程中，我有幸见证了父亲以更女性化的方式达成了一笔又一笔的交易。也正因为这些，即便是在我沉寂之时，"希望自己从大众视野中消失那几年"，我依然相信，还有另一种销售与谈判模式的存在——因为我目睹了它的成功。

闲言少叙，书归正传。以下为大家介绍由"步步紧逼"的男性化行为范式，向"神圣交易"所体现的更女性化的行为范式转变的几种途径。

努力，步步紧逼，成交	达成神圣的交易
提高技能	展示共性
专说好听的话	说实话
注重利润	注重愉悦感
自说自话，一言堂，单向灌输	分享彼此的看法
展现自信	展现善意
强调不买的风险	强调购买的收益
个人利益至上	注重集体利益
礼节性的关爱和关注（什锦拼盘礼包）	真诚的关爱和关注

我们对最后一行略做说明。总体来说，我父亲的销售模式即是达成"神圣交易"范式的体现，但是他也有些"步步紧逼"式的做法，如经常会送一些什锦拼盘礼包。如何酬谢老客户或者向潜在客户表示感谢经常让我头疼，我向父亲求助，他都会直接告诉我："小历，送个什锦拼盘礼包吧。"什锦拼盘策略的症结在于无法解决众口难调的问题。"抱歉，老爹，难从父命。"尽管在20世纪八九十年代，父亲在和与他一样的白人中年男性打交道时无往而不利，但是"神圣交易"则要求我们因人而异地注重个体的差异性——每个人都有自己的想法、喜好、担忧，有自己心仪的小礼品。因此，到目前为止，我没有送过一份什锦拼盘礼包（当然，主要是因为我的客户群和老爸的客户群完全不同），却送出了数百份个性化礼物——从花里胡哨的

果汁机，到精美的狗粮饼干，再到星座石许愿球，不一而足。

"神圣交易"速成课

将追求"神圣交易"付诸实施——无论你是采用口头表达还是书面表达的方式，抑或是两者兼具的方式，请从改变思维模式做起。思维模式取决于"心态"，要给自己时间好好感受自己的"心态"（提到感受，请不要担心，在下一章，我们会用很大的篇幅来讨论迈入"健力"的过程中如何应对各种千奇百怪的"感受"）。最后，我们还需要将这一系列过程运用于实践。让我们用管中窥豹的方式来了解一下各种思维模式，它能让你迅速开启对话模式，为你的公司或你自己争取到一个个全新的、更有针对性的、商机无限的获利机会。

用语言打造认同感

同辈压力或群体思维可能是危险的，但它也可能成为这种女性化和神圣的销售方式的主要因素。当人们觉得自己是其他像他们一样思考、感受、行动、不时自我破坏的人的群体的一部分时，他们更倾向于倾听并采取行动。当我们能用语言来表明我们也有过这样的经历时，比如挣扎（或彻底跌倒），但仍能掸去屁股上的灰尘，重新站起来，这会让我们更有说服力，更值得信赖。同样的道理和做法，我们也可以在需要我们说实话的场合加以运用，我们讲述的故事皆来自我们以往的经历——这些经历肯定和我们在社交媒体上展示的一个个光彩夺目的瞬间无法相提并论——以及我们从这些经历中汲取的教训。此时，我们就可以用这样的表达方式，例如："如果你也和我一样，曾经 [填入那些不轻易示人的辛酸经历]"让你的观众意识到你和他们一样可笑。打造认同感，从而影响听众的表达方式还有："如果你也曾……那么，你不是一个人在战斗……"当然，你也可以说，"如果我们能够让时光倒流，我们就能_____。可惜，我们暂时还不能够。"

说出他人的所思所想

在我们演讲或讲话的过程中，肯定有人会反对我们提出的倡议。我最喜欢的一种说服对方的技巧就是，为那些正在考虑你的提议的人阐明潜在的反对意见，然后用这些反对意见来反击同样有说服力和魅力。举个例子，如果你认为某人在想，"我可付不起这么多钱"，你可以这样反驳："也许你在考虑成本问题，但我说的是投资。说实话，我希望你能摆脱这种短视心态，不要只想着降低成本，要想想怎么做大做强自己。我们推出的

'超级杯项目'（Super Awesome Program）正是专门为您量身打造的。"或者你假设某人在想，"可惜我没有足够的时间"，你就可以说："我知道您肯定很忙，每天日程都满满当当，觉得累坏了，甚至有时候都急疯了。可是，您想想，如果现在不改变，那一年后您觉得您能闲下来吗？"

镜面反射原理：重复听众说过的话——甚至没说过的话

当人们听到别人重复自己说过的话时，无论是对他们来说，还是对你来说，都会有意想不到的大发现。在争取"神圣的交易"时，有效地运用反射原理，在某人讲述创新的重要性时，你可以说："我敢说，对您来说，您一定极其珍视离经叛道、打破陈规的举动。"

用提问题的形式告诉对方收益和回报

当遭受拒绝时，无论是真的被拒绝了，还是你认为肯定会被拒绝，都很容易让人向兔子型人格靠拢。"多谢您的美意。但是抱歉，下一次再说吧，我真的要去南极洲度长假了，抱歉。"然后你把这段经历存档，作为你永远不应该再去寻求"神圣交易"的"是"的证据。事实上，你不只是没有达成一笔发自内心的真诚交易，你还在助长客户的恐惧心态。在这种情况下，努力争取达成"神圣的交易"可能只有一个办法，那就是提出有价值的问题。这些问题可以引导客户知道，如果他们答应了交易，可能会给他们带来什么回报。以下是我在此类情况下最喜欢问的几个问题，你可根据自己的需要自行调整。

你是否真的已下定决心要解决这个问题？

你想要的到底是什么？

你的恐惧的另一面是什么？

在这种情形下，你会扮演什么角色？

如何才能让自己更优雅？

你希望获得谁的认同？

如果有其他的支持和帮助，结果会怎样？

你是否有什么方法能够帮得上忙，却没有告诉我的？

这件事对你真的很重要吗？为什么？

诺亚·戈德斯坦（Noah Goldstein）、斯蒂夫·J. 马丁（Steve J. Martin）和罗伯特·恰尔蒂尼（Robert Cialdini）在他们的著作《50种经科学验证最具说服力的说服技巧》（*Yes!: 50 Scientifically Proven Ways to Be Persuasive*）一书中提出了可以用于支撑追求神圣交易的诸多建议。其中就包括如何让人们讲出他们做某件事的动机和原因。上述推荐的最后一个问题将让你更加游刃有余地让对方说出自己做某事的动机，让对方主动提供一个令人信服的理由，将对话和交易推进下去。"因为，我知道自己已经做好将一切打造得惊艳完美的准备。"

先天下之乐而乐

大多数销售理论和培训的核心前提是，销售方需提醒客户所处的痛苦困境以迫使客户做出回应。我不知道你会怎么做，在痛苦的状态下，我绝对不会大胆尝试新的、不同的东西。是的，我也想减少自己的痛苦，但是通常情况下，我会尽可能挑选最简单、最不需要创意的方式。比如说，创可贴、止痒霜等。当我们期望获得对方欣然应允时，我们不应该提醒他们现在承受的痛苦，而应着眼于我们的方案会给他们带来什么样的快乐。人们获得快乐的方式有很多，比如和朋友一道聚餐，把办公室收拾得井井有条，再比如看着孩子穿着脏兮兮的衣服，躺在地上看天上的流云飘过——只要当天没下雨就好（因为清理孩子头发上的泥巴对我来说绝对不是一件愉快的事）。有更多属于自己的时间、有更多银行存款、更多自由、更多的自我关爱、实现更多的自我价值——当然、当然，我欣然应允，我全都要。

合理把握时间尺度

如果我们提供的产品或方案能让对方切实受益，那么当我们激励他们高效地做出决定时，我们实际上更符合他们的利益，而不是让他们享受美好的时光。通常，当一个人选择改变、成长、追求短期的不适来促进长期的满足时，如果他不举手宣布他正在采取行动或向前迈进，他很快就会回到他舒适的、基于恐惧的习惯中，无法坚持下去。所以，如果要对方做决定，请给对方合理的最后期限，以保证对方能够做必要的利弊权衡——但是，这个时间一定不能太长，否则的话，他们自己就会回心转意，或受他人影响而选择放弃。

取长补短——融合男性气质和女性气质

这个社会给男性贴上了注重逻辑性、注重证据、注重理性推理的标签，而给女性贴上了感性、经验式的循循善诱的标签。但在日常生活中，我见过的通过故事和经历来陈述道理的男士（他们不仅喜欢而且做得游刃有余）比女士还多。而另一方面，我也见过很多女性在陈述她们的观点时将自己隐藏在事实、数据和研究成果后，她们的做法与其说是循循善诱，不如说是为别人普及信息。而要追求对方的欣然应允，我们不仅需要善用理性，也需付诸感性，与此同时，也切记勿好为人师。

"气"象万千

也许你也听说过汉语中的"气"这个字。但如果你没听说过，"气"的本意是"空气"（air）或"喘气"（breathe）。在需要说服对方的场合，请切记给自己一点"喘气"的时间，这样你就不会匆忙地把话说完，同时你也要给对方"喘气"之机，以使对方能和你的一步步推理保持同步。"气"同时还有"气势"（energy）的含义，在追求欣然应允的"神圣的交易"的过程中，另一种运"气"的办法是把心态、思维方式和乐观主义的"气势"运用到陈述主张的过程中。人们往往更能接受那些让他们感到愉悦的人以及那个人的主张。用"气"来感染听众、创造更多的可能性，让听众知道他们也可以实现自己的梦想。

心悦诚服地赞许——与生俱来的权利

"步步紧逼"（"Always Be Closing"）和"争取心悦诚服地赞许"（"Go for the Holy Yes"）之间是有交集的，这个交集就是成交。成交（Yes）应该是你与生俱来的权利！当你拿出一个有说服力的理由时，请务必坚信这个世界在向你眨眼，认可你这样做，请放心大胆地提出自己的要求和希望。你理所应当该有一个辉煌的职业生涯，一个完美的家庭，和谐的人际关系，一切的一切，都应该是美好的。当一个或多个领域不尽人意时，请拿起你的担当，理直气壮地说出自己的需要，唯其如此，生活才会更美好。请记住，正如我以前的同事黛西所认识到的那样，如果你暂时没有获得满意的答复，请不要放弃，努力去追，它将在下一个路口等着你。

角色扮演

在一次静修会中，我第一次发出一份大的邀约之后，我对于销售的理解便焕然一新了，换言之，我重新认识了销售。如果你从未接触过该领域或未曾做过在线销售的话，你可能对我说的"邀约"毫无概念。"邀约"是一种"交易"，也是一种"双向选择"——它的含义太丰富了。提供高水准（亦即大单的代名词）项目的教练员通常会在一场商业演讲结束，或某个工作室、研修会接近尾声时，不失时机地为和他们一起打拼的听众提供一个有时效性的机会。现在回想起来，在我从事培训这么多年来，我总是会在演讲结束后的不同时间点向听众发出邀请，请她们能和我一道努力，来改进她们各方面的能力。当我发出邀约时，我的心里是七上八下的，因为那是我第一次面向个人

（而非企事业团体）发出数千美元的邀约。以前，在面对企业客户时，我还可以依仗电脑，依靠反复精心打磨的、具备强大说服力的、没有任何语病的、强大的文案来说服对方赞同我的方案。而那也是我第一次摆脱各种依赖，当时就突然有一种冲动，想当场发出邀约——一有这种想法，我当即就拍板了。

幸运的是，在静修会发出邀约前，我对自己的邀约技巧有深刻的自我意识和洞察力。当时，我的营业额已经跨过10万美元这条线。几个月前，我自己刚投资上万美元，加入了一个向一个商业界教练学习的决策团。所以，当我邀请其他女性在我这里做价格不菲的投资时，我是诚心实意的，因为我自己就这样做过。但是，当想到要站在十多个女性前面，其中也包括我的商业教练，邀请她们参加我的一个团体培训项目时——天哪，我只觉得自己的五脏六腑像掉进了搅拌机，乱作一团。

当我开始发出邀约时，我觉得自己和在场的所有女性的心灵都是相通的。因为我刚才还在讲如何用演讲筛选听众，找出哪些人会参加培训项目，所以，我的开场很轻松。我先谈了一下一个人在发出邀约（在不同的场合，发出邀约能让我本已紧张的情绪更加紧张）时的紧张情绪。接着，我又谈了自己发出邀约时的心理不适，以及此前听到过别的思想界领袖说他们在发出邀约时也会产生打怵情绪。那些思想界领袖很出色，都是很有内心追求的人。我和大家分享了我自己是怎么挣钱怎么花钱的，以及自己最近报的一个价格不菲的培训班使我在一年内收入翻了一番，并给了身为演讲者和企业家的自己勇气，才让我勇敢地站在镁光灯前。接着，我将话题从自己转向了听众。我向她们介绍了她们目前的进度，到周末时她们又会进展到何种程度，以及静修会结束后她们会得到什么样的后续服务。随后，我向大家介绍了筹备中的集体项目的资费详情，并宣布当天在座的女士在报名时均可获得部分现金奖励。讲完后，我就进了卧室，等着团队成员向我汇报都有哪些人在签字报名。

没有人签字，到最后也没有一个人报名！

我的信心，连同我的幸福被碾得粉碎，我趴在床上，哭得稀里哗啦的。当我爬起来喘口气时，我安慰自己，也许，那些女士需要点思考的时间。想到这儿，我开始收拾哭花了的眼妆，继续把静修会的后半程做好。在周末剩下的时间，我真诚接受了参加活动的女性对我的教学和培训风格的赞扬。我一次次遵从自己的感性来全身心投入我所主持的静修会。尽管如此，在周末结束时，仍然没有任何一个人报名参与我发起的项目。不过，参加静修会的成员中至少四分之一的人对我说："小历，我真心希望我们能继续一起努力。但是我确实无法确定自己是否会喜欢上你的集体项目和接下来的静修会。"

回到家后，我试着反思，认真查看一对一谈话期间自己做的笔记。为了让大家接受我的项目，我决定调整自己的邀约策略。很快，我就意识到，我调整好的新方案虽然还是一对一的培训方案，但是却几乎将那些女性的所有诉求都涵盖了进来，而调整后的方案的价格比静修会上提供的方案更昂贵。在接下来的两周中，我又逐一找到那些私下表示希望能和我有更多交流的女性，征询了她们的意见。几周后，我的一对一培训项目正式上线，越来越多的人开始报名加入。

如果我固执地坚持自己的方案是完美的，拒绝修改方案（而非如我后来做的，愿意聆听她们的想法的话），将以前的方案原封不动地再拿出来推销，我相信她们肯定还不会和我合作，我不可能和她们中的许多人成为朋友；如果我只是将其转化成一个更加有活力的长达一年的策划，更不可能在一年后发起这个项目时赚到六位数的收入，而且又过一年后使自己的收入翻倍。

在我主办的一场女性领导力培训项目上，我依然采用了角色扮演的活动，在这次活动中我扮演了雪莉·桑德伯格（Sheryl Sandberg）的角色。项目成员被分成若干组（团队），各组献计献策，共同向我推介她们关于如何发起一场社区读书节的方案，由我（雪莉·桑德伯格）决定选哪个团队来推出我的读书节活动。这些女士不断汇集她们的方案，方案都很有说服力。

都过了几年了，还有人在向我推介跨代际的生活方式等主张，有人推荐请一些有感染力的女性领导人来做系列演讲，或者主办一个慈善活动，每卖出一本书，就把所得的收入捐给一位无家可归住在收容所的女性。但是，几乎所有的小组都犯了同一个错误——她们过于专注推介自己的方案，从来没有问过我（雪莉·桑德伯格）发起该活动的目的。要寻求"神圣的交易"，我们必须知道别人想要的是什么，我们说的任何一句话，问的任何一个问题，或提出的任何方案，都必须优先考虑如何实现对方的期望。

"健力"时刻：认真、灵活展现女性特质

说明：思考一下自己想要什么，是需要一个新的团队成员、新客户，还是希望能把孩子交给配偶或父母，好让自己能够重温婚前的美好时光。在你说出自己的想法之前，请将一连串问题串联起来，想清楚你希望谁（或哪些人）来支持你和你一起采取行动。请不要问一些诱导性问题。请注意，这些问题必须是你发自内心渴望得到答案的问题。只有做到了这一点，你才可以接下来花时间来思考如何让自己的陈述更有说服力，思考如何将自己的答案融入对话或演讲。

问题与反思

从以上劝说型案例的问答中，你学到了什么？

是否有哪些让你吃惊的地方？

怎样才能达成"神圣的交易"，如何与自己发掘的欲望和关切直接对话？

认真、灵活、展现女性特质，这些并不会让你失去雄心勃勃的目标，也不会让你失败，更不会让你一无所得。通常而言，这样做只会让你更大更强。到现在，我希望你能认识到，"健力"——无论是在销售领域还是其他竞技场上——并非一个有或无的问题。"健力"更不是男性的专利，而作为女性你不得不借用拿来主义，然后将其女性化。你身上就有"健力"，哪怕你觉得它还处于蛰伏状态，只要你每天不断精心栽培，它就会日渐壮大。

正如个人成长和转变一样，强健"健力"的过程可能让人极为不适。尽管如此，我们依然可以调整自己的身体，使其能够从容地面对以及接纳我们的情绪的变化。在下一章，我们将会对这个话题展开进一步的深入讨论。因为，当我们允许身体随着欲望起舞时，我们其实是在激励自己，让自己勇敢说出自己的希望（哪怕我们并不确定自己具体要说什么，怎么说，也不知道说了以后会发生什么）。我们将这些信息收集起来，储存在我们的头脑里、我们的组织结构中，甚至每个细胞里。这样，任何感受都已经变成一种常态。任何感受都将成为我们迈入"健力"的一种信号，我们将一步步迈入"健力"——不仅是为了自己，也是为了那些注视着我们，希望从我们的成功经验中汲取经验的任何人。

CHAPTER 8

第八章

如何培养交流所需要的气场

与自己坦诚相见，与世界坦诚相见，天地顿宽。

——格斯·肯沃斯维（Gus Kenworthy）

从椅子上起身时，我能感觉到腋下已经被汗水浸透。也许我是感染了"诺如病毒"，我甚至巴不得自己真的病了。这样我便可以借口离开这会议室，到外面尽情吐个痛快，然后收到（而不是被要求写）同事的道歉便条。

那次，我是扛着任务到会议室的。任务很简单，就是跟大家打个招呼（对教员们来说，不过是新老职员见面会而已，而对我来说，这无疑将决定我是否能执起教鞭）。走进会场，我的开场白是："欢迎诸位！"

就是这么简单的一句话，可话一出口，我就听到了该死的颤音（多么熟悉而又可怕的颤音）。我一边竭力克制自己，不让自己哭出声来，一边拼命地回忆自己在演讲课上学到的所有知识：

和会议室所有人直接对话。

每说一句话，深吸一口气。

借助手势传递信息。

深呼吸。

不能趴下！

我已经24岁了，这不过是一场再平常不过的见面会而已。我心里禁不住骂自己。大学时几千人的励志演讲我都经历过，这一次我当然扛得下来。

然而，我还是输了。

虽然那天在员工会议上，作为一名演讲者，我真的是一团糟，但事实是，我给自己施加的精神折磨（我们中有太多的人给自己施加了这种折磨）才糟糕得多，我们越是极力想给别人留下好印象，并证明我们是可信的或有魅力的，就越会出洋相，也越不可能达到自己的预期。不过，请少安毋躁，办法还是有的。

当我们培养了站在观众面前，让自己被真正看到的能力，我们与内心和外部声音的关系就会从根本上变得更好。与此同时，我们也起到了示范效应，让他们也收获走到镁光灯下的勇气。我们的"健力"作为会触发更多的"健力"作为，进而引发积极的连锁效应。一旦我们认识到了这一点，我们就会意识到，单纯追求曝光率（并通过自己的呐喊促进改变甚至变革）的做法——是自私的，格局太促狭了。

我一向擅长自我摧毁，如果奥运会有这个项目，金牌舍我其谁。据我亲眼所见，我的客户在上台之前心理、生理以及情绪所经历的剧烈波动堪比柔道搏击，也同样让人无比心碎。

当我上高中四年级的时候，我有机会组织我的第一次静修。我自告奋勇，尽管经历了一些紧张的调查——诸位也知道，那些年，每当我不得不站起来说话时，都会有一种呕吐的反应。就在一年前还在念高三时，我也参加了一个同样的静修活动。在那次活动中，我最喜欢的一个学姐发表了一场感人至深的演讲，她和我们分享了自己曾经遭遇暴力性侵并生存下来的经历。后来，我再也无法否认我的家人中有许多人与施暴者串通一气，想让我忍气吞声。我最终把这件事说了出来，然后尽我最大的努力把它从我的记忆中抹去。我还意识到，当你讲述自己的故事时，会带给他人勇气，让他们有勇气来讲出自己的经历。我希望讲我的故事能让另一个年轻的女孩也讲出她的故事，所以尽管我感到恐惧，我还是举手表示希望能组织明年的夏令营。

在静修期间，我除了主持低年级的一系列互动活动之外，还有幸发表一篇关于如何"追寻上帝"的演讲。我打算在演讲时和大家分享过去数年我在感到羞愧、内疚和愤怒时与上帝进行的对话——在我看来，正是和上帝的对话引领我走出内心的黑暗，回到光明。多年来，在班级里所做的围绕着时事、国家和总统等话题的演讲已令我感到不适。但是，如果是站在数十个学姐面前，谈论自己受到家人性侵的经历呢？我敢肯定，那感觉就像圣诞节时穿着我的短袖站在时代广场。在准备这次演讲时，我打破了数条迈入"健力"所应该遵从的法则。我把演讲稿一字一句全打印了出来。站在主席台上，我像一个牵着猩猩妈妈手的猩猩幼崽一样，紧紧地抓着手中的演讲稿。（老公是学生物学的，所以我知道，猩猩幼崽在 5 个月大以前，都会一直黏着母猩猩，绝不撒手。）到现在我还清楚地记得，在演讲的前 20 分钟，我一直没敢抬头。

讲完了自己的经历，我开始号召同学们行动起来。那一刻，我觉得如有神助，一切变得通透起来。我恍惚觉得一道亮光汇入了自己的百会穴，充盈了我的全身——我的呼吸变得更有力，我几乎忘记了自己的存在，演讲变得像行云流水般酣畅自如。在最后的 10 分钟，虽然我没有完全脱稿，但是我开始抬起头，脸上有了微笑，和听众有了交流。不知道多少次，我注视着另一个也是来自我们学校的女孩，我感觉她像我一样曾经受过性侵害，从我的身上，她看到了自己。我继续自己的演讲，看着她，目光中融入了我所有的同情，所有的爱。

分享越多的爱，就有更充盈的爱可供分享。渐渐的，我不再苛求讲得完美，而是把全部的爱完全倾注到听众身上，感觉自己就像是春起之苗，充盈起来。给予的爱越多，自己收获的爱也越来越多。我不再被情绪所绑架。而尽管我演讲的主题很严肃，但过程却变得越来越有趣。

演讲结束时，我知道在自己和听众之间，已经出现了某种既奇妙又神圣的东西。尽管在把握这次机会的各个阶段，我都经历了各种不适，甚至还极力压制着从静修会逃课的紧张情绪，但是我却很开心。在我走下讲台时，我的一个老师给了我一个鼓励的拥抱——过了很久，那种温暖犹存。他对我说的话深深印在了我的脑海里，终生难忘："亚历克西娅，请继续讲述你的经历和故事。它会帮助很多人。"我怀疑我的老师似乎察觉到了当时我并没有意识到的东西。此后，每当我遇到了阻力，或当我在成功的道路上遭遇了上限，我都会想到他的预言，然后就会坚定地继续走下去。

恐惧？不！不过是一种个人体验而已

如果你和我一样，或者至少和以前的我一样。当你即将做（尤其是说）一些重大的、重要的、范式转变的事情时，你会把你身体里正在经历的事情贴上恐惧的标签。我真的希望你不要再那么做了。理由如下。

每当此时，无论你是什么感觉——无论是像胃病一样的胃肠道疼痛，还是像肩膀上压着两座大山一样喘不过气来，这些变化或感觉都不过是身体面临外界巨变时的自然（认知）反应。当你觉得自己突破了玻璃天花板——例如鼓足勇气和老板谈加薪问题，或愤怒地挂掉了客户的电话，你就会经历这样的时刻——绝不会像在沙滩上那么有闲情逸致。你会紧张到忘了自己的名字，然而，这其实再正常不过了。因为你离迈入"健力"只差临门一脚。而你最不希望发生的事就是，压抑自己的感受，或把自己看成是一个受害者或殉道者，而不是把自己当成人生的主角——你究竟想做个什么样的人呢？

在我们与外界沟通（或处于沟通前的准备阶段）时，无论这种沟通是什么性质和形式，一旦我们认定沟通隐含巨大风险，这种感受总是不请自来。有时我们不得不拒绝某个人；有时在生活中或职场上，我们决绝地维护自己的边界和底线。如果我们希望自己能坚定信念，迈入"健力"的磁力场，勇敢地站出来，亮出自己的观点，并成功地号召大家付诸行动，我们就必须学会如何应对这种不适感，把不适变成舒适。

要做到这一点，首先，我们需要争取足够的机会来淬炼自己应该说什么，唯有如此，才能磨炼心性。无论是面对一个听众，还是成千上万的听众，你都能说得出口。亲爱的读者，请注意，我说的不是"记得住"自己该说什么。"背诵和回忆"消耗记忆，让你陷入困境。如果你是个完美主义者，为了让沟通顺畅得无懈可击，你很可能会把要说的每一个字都记在脑海里。演练阶段要大声地把想说的说出来，从始至终都要以目标结果为焦点，时刻注意引领听众。同时，认真聆听自己的声音。尝试以不同的方式来打磨自己的观点，优化自己的提问方式。注意，不要把自己练成话痨，同时还要重视自己的肢体语言（上到眉毛，下到脚指头，一举一动，都要注意），须知，肢体语言和口头语言同样重要，有时甚至更为重要。所以，排练时，也要把肢体语言融入其中，锻炼肢体的肌肉记忆，你的肢体就会自然而然，一切就像水到渠成。排练时，想象听众就坐在你面前，和听众进行互动。排练，排练，再排练，不断改进，你就会达到忘我的境界，不假思索，出口成章（排练的内容）。无论你再经历什么感受，你的肢体(不仅仅是你的大脑)已经有了记忆力。哪怕是蒙住双眼，哪怕单腿独立，口舌生疮，你也照样能完成沟通的使命。

大部分公共演讲教材都极力劝诫演讲者应该事先做大量排练，场上一分钟，场下一小时。我赞同这种观点——不仅适用于演说，它同样适用于任何高风险的交流场合。如果你只是想教训一下自己的下属，大可不必兴师动众，排练许久。但是如果动不动就紧张得不得了，姑娘，我们还是不要大意，行动起来，多多排练。因为其实你自己也清楚，如果不事先排练，等站上了台，你就会搜肠刮肚，抓耳挠腮。这时候，你就想拼命压制这种情绪，而不可能有任何的自信和从容。

你肯定也听说过上述说法，我觉得你应该也会表示赞同。但是你依然觉得自己活得不够自在——因为你压根就不会去尝试。我说的对吗？不去尝试就不会有这种感受。事实上，你是在刻意压抑这种感受，而不是从容地应对——你只会抱怨这种事太可怕了，自己根本做不到啊，或者觉得想说句话真的不容易。

自我对话以及与外界的对话其实都是一种习惯性行为。大众心理学认为，要想养成一种新的习惯大概需要 21 天时间，而心理学研究表明，要使新的习惯代替旧有的习惯——需要的时间则为 60 天或 90 天，甚至 200 多天，其时间的长短取决于对旧习惯的依赖程度。大声地说出自己的想法（而非自言自语"我怕，我根本就不会说话，要说出自己的观点简直就像掉到了蝎子堆里"），从容应对交流时出现的各种情绪波动，从容应对身体出现的各种反应。要做到这一点，首先要摒弃旧有的习惯。而要强化新的习惯，我们需要一种新的语言，新的实践，来将我们学到的从容应对情绪变化的理论长期用于实践。

面对紧张，如何从容应对

你的一生肯定会有很多时刻感受到自己身体里的情绪波动。你知道，不应该给自己的某种情绪贴上恐惧的标签，但是，你依然觉得如芒在背，好像自己正被一头鲨鱼追杀。你的"超我"说不应该躲进熟悉的、自戕的反应背后，但是你的"本我"

却在发号施令，拼命扯你的后腿。此时，最关键的是打破事情原本的轨迹，尽快调整自己的身体反应。要做到这一点，首先要养成一种习惯，对自己的感受说"谢谢"，将其变成你的第一反应。是的，我真心希望你能对自己说谢谢，不管是大声地对自己说，还是心里默默地感谢自己都可以。既然要面对人生的重大变革，除了表示感谢，我们还能怎样？让我们迎接这场挑战，勇敢地走上台，和大家分享我们妙趣横生而又让人受益无穷的观点吧。告诉自己的同伴，算我一份儿，或者，等等我，我已经在路上了。

怀着感恩的心，笑对自己的经历，奇妙的事情就会接踵而至。例如，感恩可以让你身体放松，心态更加乐观，思维更敏捷，更加理解别人的感受，更有韧性和活力。换言之，心怀感恩不是为了向外界求取，而是一种内在基石，没有这种基础，便很难有任何收获，也不可能成为一个出色的沟通者。

正如我在第二章和大家分享的一样，吉尔·博尔特·泰勒的研究表明，人的想法会触发某种感受，而这种感受仅能维持90秒。在排练时，我们其实是在进行自我对话，而对话产生的相应的情绪同样只会维持90秒。为避免接下来的90秒海啸般的反感情绪的触发，除了心怀感恩，我们还应该以客观的心态面对自己的体验。客观心态是一种活在当下的心态，可以抵消我们的强烈情绪。

在主持演讲训练班时，为了把学员培养成既有同理心又能打动人的沟通者，我对学员进行了心理、生理和情绪习惯的培训。我会邀请一个勇于承认自己在一群人面前演讲（或一想到要在一群人面前演讲）就会特别紧张的学员和我同台做演讲。我会给她几分钟的时间，让她看着下面的听众，深呼吸，心中默念"谢谢"，目光所及，心存爱意。这是一种强烈的体验——对于台上的演讲者如此，对于台下的听众，对于我来说亦如此，甚至更加强烈。然后，我会要求演讲者和听众继续他们的互动，并当着所有人的面实事求是地描述自己的感受。通常，被邀请上台的都会说，"我很害怕"或"我有点儿恶心"。毕竟，积习难改。接下来，给她一些温柔的提示，她就不会继续描述自己的可怕经历。深呼吸，体验内心的蜕变。"我双腿犹如注铅，心跳加速。"或者，正如一位女士在我开始撰写本章前一周向我坦承的那样，"我都快被吓出屎了！"然而，就在心存感恩，大声说出自己的真实感受之时，慢慢地，演讲者开始有了微笑，恐惧的泪水变成了喜悦的泪水，因为她深知，自己多年来对演讲的抵制已经被彻底荡平。她已经摆脱了恐惧，拥抱了"健力"——已经有能力控制演讲的张力。

接下来，我会问她一些她毫无防备的问题。"你和听众分享这些，有什么不得不这样做的理由？你何以成为分享这些理念的不二人选？"我会建议这位演讲者，当不知道下一句该怎么说时（这种情况其实很常见），只需要停下来——哪怕是一句话还没有讲完。停下来，微笑，不仅要眼中带着微笑，也要嘴角挂着微笑。她可以从听众的眼神中找到答案。

只要我们有不得不说的理由，哪怕我们不敢说、不想说、不知该怎么说，我们一定会想尽一切办法把想说的话说出来——就会主动花时间来排练怎么说。最起码，这个过程变得不再那么令人煎熬。只要我们记得，无论我们说的主题是什么、无论是在什么场合，如果我们乱了方寸，我们只需"不再说话，面带微笑"即可，让我们的嘴巴休息片刻，等等我们的大脑。这样，怕再也想不起来接下来该说什么的担心也就烟消云散了。

觉得自己不够优秀的潜意识大多源于我们对交流的恐惧。我们傻就傻在过于看重自己在沟通中扮演的角色。事实并非如此，也不应该如此。沟通的关键和重点并不在于演讲者，而在于演讲者和听众之间建立的关系。无论何时何地，当你在演讲或说话的过程中迷失了方向，恨不得天上飘来个热气球自己能跳上去溜之大吉时，无须紧张，请停下来，不再说话，面带微笑即可。无论你的听众只有一个人还是济济一堂，请看着他们，用眼神、心和他们交流。让自己更多地被听众看到，而不是听到。

直到我的演讲生涯进入第10个年头后，"停下来，不再说话，面带微笑"才开始走进我的授课内容。在将其变成无意识的习惯前，我曾做过这种尝试，体会到了其神奇的魅力。在高中的夏令营上将自己受性侵的经历公之于众时，以及早年参加美国妙龄小姐大赛做防范校园性侵的主题演讲时，甚至是在刚做培训师的那几年，在我偶尔从事实、数据和多媒体讲台走到观众面前时，我都做过这样的尝试。甚至连我的婚姻大事，也要归功于"停下来，不再说话，面带微笑"的行为实践。

那是大四前的那个暑假，一个即兴表演课上的朋友说动了我，让我和他一起去一个夜店看他的单口相声表演。尽管我大部分时间都在拉斯维加斯生活，我却不喜欢去夜店。因为我不喜欢拥挤，也不希望自己进入饮料可能被人下迷药的那种场合。

那个俱乐部很特别，周末夜场还没有正式开始，就成群结队地涌入了不少拉斯维加斯本地的女孩和小伙。女孩大多长相甜美，醉意醺醺，上身穿着抹胸，下身穿着豹纹皮热裤。小伙子们的穿戴也同样让人觉得尴尬。来这里的人们都是想来放纵一夜。对于渴望成为喜剧演员的人来说，在夜场演出还是很有吸引力的。那天晚上，为了看朋友的演出，我连续等了 6 个让人尴尬的节目。我的黑色带红色的坎肩和宽松的牛仔裤，让我觉得自己来错了地方。（作为一个傲娇的、以女性研究为专业的坚定的女性主义者，对于夜场应该穿什么，我当然没有任何概念。）

正当我处于尴尬的境地时，一个打扮得像海盗，美国内战前的那种海盗（这个喜剧演员演的角色）的艺名叫拉斐特

（Lafitte）的演员上台，还邀请了一名男子上台助演。他们一共表演了大约5分钟。表演过程中，拉斐特一直在羞辱（多数时间近乎责骂）该男子，不给他留任何尊严。拉斐特想借助海盗的身份，通过愤怒来掩饰自身的强烈偏见和歧视，只不过他演得实在是太烂了，这一点，在场的人都能看得出来。拉斐特当着观众的面，对这个可怜的有色人种进行羞辱——嘲笑他的身高、职业，甚至嘲笑他的祖上来自夏威夷。而助演男并未上钩，他没有反唇相讥，也不辩护，甚至连躲闪都不躲闪，他就站在聚光灯下，面带微笑地看着观众（很显然观众都站到了他这边），似乎在和观众互动。被问什么，他就心平气和地答什么。他的沉着冷静和坚定的自信深深地吸引了我。表演结束后，我主动找到他做了自我介绍。6年后，我嫁给了他！

我最喜欢的一项运动是"当我看着你的时候，我看到了……"。在这个活动中，参与者站在其他成员面前，让大家看着她，认识她。在接下来的几分钟里，她的同伴会吃着爆米花，议论她。参与者报告说，虽然她们不渴望别人的认可，但站起来接受别人的意见，让她们获得了一个审视自己全面能力的机会——而这种收获是前所未有的。

幸运的是，我们通过其他途径也可以体验相似的顿悟，以及这种顿悟给我们带来的转变。与此同时，在准备演讲时，你也可以寻找其他机会来充分展示和诠释自己的才华，用全身心感受其魅力。现在，我郑重邀请你进行以下练习，并将其变成一种终身习惯。

"健力"时刻：提升自己的"能见度"

怀着一颗感恩的心，站在镜子前面

既然选择通过交流的方式来让别人正视你的存在，与你有所联系，那么，正视自己、与自己进行对话便十分重要了。也许你已经知道了镜子的作用，甚至验证过其神奇的作用。也许你曾经尝试过镜子练习，却未能坚持下去。正如精神心理学领域的杰出思想领袖罗伯特·霍尔顿（Robert Holden）说的那样，"普通人是会抗拒在镜子面前审视自己的。这种审视所揭示的是一个人最原始的恐惧和最恐怖的自我评价。但是，如果你能坚持审视镜子里的自己，你就能识破自我评判的虚幻，发现一个更加真实的自己。"该训练的目标是希望你能剔除杂念，明确一个具体目标——感谢自己，从而尽快摆脱不适感。

说明：站在一面可以照见全身的长镜前，深呼吸，用鼻子吸气，用嘴巴呼气。静下心来后，开启倒计时 60 秒。在这 60 秒内，大声地感谢自己（感谢自己的双手、声音，正是它们将我们心里想表达的意思传递给了别人，感谢自己不缺席的勇气，感谢自己能屈能伸的韧性）。往深处想——但无须过于苛求具体。想到什么，就说什么。我建议你每天都做这样的练习，持续至少3周的时间（每天都比前一天多花30秒来用镜子审视自己，直到可以做到一天审视5分钟为止）。3周后，继续保持练习，可以减少为每周3次。当你需要与他人进行重要沟通或上台演讲时，这种练习就尤为重要了。

不如跳舞

凡是有点舞蹈基础的人在经过社会历练后，都知道舞蹈是一种竞技运动——对舞姿的完美追求超过了参与体验，进而让我们无法行云流水地完成动作。事实上，舞蹈其实可以成为高效沟通的催化剂。我们可以借助跳舞来唤醒我们的身体，降低和减少无益的自我暗示，舞蹈赋予我们一种超越自我的能量，让我们从容应对他人的目光，享受聚光灯下的美妙，这样，当我们开口时，我们就更能掌控局面，更有效地进行沟通。放空自己，尽情飞舞，特别是在你为筹谋高效沟通而绞尽脑汁时，10分钟的轻舞飞扬便能让你祛除心魔，舞出人生。

说明：在家里找一个无人打搅的房间，调暗光线（点上几根蜡烛），放几首你最喜欢的音乐，放松身体，想往哪边扭动就往哪边扭动。如果你自认为是一个舞者，不要再想着要符合什么舞蹈编排规则，而是接受冥冥之中的神的邀请，随心而动。无论何时，只要当你觉得情绪开始在身体的某个部位郁积，想要控制身体的某个部位时，请放下手头的一切，来跳一曲吧。当一曲终了，你再去交流时，你的身体被重新唤醒，你就会注意到内啡肽带来的冲击波给谈话和交流的设计与排练带来了什么积极的变化。

自助式可视化体验

肢体运动有助于我们的身心融合，能够让我们快速从某些情绪走出来，拥抱"健力"。在运动完身体之后，给自己一点安静的时间来聆听（而非迫使自己说出）我们在交流时所希望表达的信息和具体的词汇。视觉引导（想象化引导）是我在做聆听练习时最喜欢采取的策略之一。

说明：当我们听到自私（selfish）这个词时，我们一般都会联想到它的负面含义。因为在成长的过程中，我们接受的教育几乎都是让我们不惜一切代价避免成为一个自私的人，不要和自私的人为伍。其结果是，我们已经完全接受了这个观点，即认为过于看重自己必然会牺牲他人的利益。事实恰恰相反，只有当我们满足了自己内心深处的需求和欲望时，才是对这个世界最大的贡献。我们所有的努力都是为了让自己的讲话有力量，让对方能够准确得到我们希望传递的信息。

问题与反思

你要感谢自己什么？

对于自己的声音、才华以及人生的意义和目标（以及不吐不快的话）你有什么新的正确的认识？

对于你来说，走进大众的视野其实不仅是一种机遇，更是一种责任吗？

当你将本章提到的练习运用到生活中并形成一种习惯后，你的感受和情绪经历了什么转变？

你的交际发生了什么蜕变？

对于大部分人来说，削弱我们的信心、能力，弱化我们的沟通能力的，其实是我们自己。我们花了太多的时间想成为自己想成为的那种人，尽管这种想法是多么主观，多么滑稽可笑、荒谬。其结果是，我们忘记了如何表达真实的自我，进而影响我们试图影响的人。我们拼命想讨好别人——却没有多少人在意。我们想有自信——自信却丧失殆尽。我们希望自己变得有趣——却连一个蹩脚的演员都不如。所以，我们拼命想背会再复述，时刻提醒自己该做什么、不该做什么。结果，我们都在忙着这种无意义的自我对话，忽视了我们的受众。

　　善于交流的人是不会刻意去表演的。当我们站在听众面前时，我们就应该做好了一切准备——面对所有必将面对的感受，面对会议室（或舞台上）所发生的一切，面对扑面而来的直觉（并准备好了回应）。

　　要培养交流所需要的气场，不仅需要我们关注不该做什么，还要关注应该做什么。毕竟，过于追求完美不但是无法企及的目标，还会有损我们的能力，让我们发挥失常。那么，我们应该做什么呢？说心里话！心里怎么想，就怎么说！下一章，我会向你讲述为什么我拖了将近30年才开始说出自己的心里话。同样地，我也会邀请你讲出你的心里话。我早就说过，"这个世界不缺少专家，缺的是能够搅动一池春水的故事和人。"

CHAPTER 9

第九章

有话直说，才是高级的说话方式

　　我们乐于看到他人的真实和坦诚，却不愿意让自己坦诚示人。我们怕真实的自己不够（理想）——不加以修饰、不修图、不美颜我们就不敢示人。

——布芮尼·布朗（Brené Brow）

　　当我读珊达·莱梅斯的回忆录《是非之年》（*The Year of Yes*）时，我很快就和作者达到了心灵契合。我赞同莱梅斯的看法，叙事者并不一定可靠。以我自己为例，20 岁以前，我有时说的话会半真半假。这么做并不是为了取悦谁，而是我已经习惯了在明辨是非后，将痛苦的记忆阉割掉。那种痛深入骨髓，尽管我已经选择原谅，却依然无法忘却。

　　真正开始拥抱"健力"那年，我只有 4 岁，那是个圣诞节，每年圣诞节，父亲都会在家里举办一场盛大的聚会，尽管母亲很反感，父亲却依然乐此不疲。每年来的人都不一样，我的爷爷奶奶、叔叔阿姨、邻居、朋友，甚至父亲的同事都会来参加这一年一度的聚会。那年的圣诞节，酒酣人散之后，父母回到卧室沉沉睡去，我独自在卧室新买的小床上难以入睡。因为那天晚上，我承诺要保守一个秘密。当时当事人并没有直接威胁我"敢告密，小心让你吃不了兜着走"，但是我知道，如果我说出来，后果肯定会很严重。我当时还没入学，但身体的不适让我觉得有必要把这件事说出来。我的身体，尤其是我的小肚子，仿佛在告诉我说："小历，这件事瞒不得。"

我翻身下床，蹑手蹑脚穿过客厅来到了父母的卧室，摇醒他们，把自己的遭遇一五一十地告诉了父母。现在我自己的女儿也已经 4 岁了，我能体会到这种事是任何父母都绝不愿意听到的。我告诉他们，某个亲戚触摸了我的下体。我不想再隐瞒下去，我想让父母阻止这种事。

我多么希望自己可以告诉所有读者，这次与"健力"的初次拥抱为我的人生打开一扇大门，让我从此无惧无畏，敢想、敢说、敢做。但是，人生的经验告诉我，这几乎是不可能的，事实也是如此。对于我的家人来说，这个消息实在过于匪夷所思，他们根本无法接受，我也目睹了自己亲爱的家人在那一刻所经历的心灵煎熬。既然我说出自己的遭遇，别人如何评说，已与我无关。对我来说，最重要的是我从中领悟到了什么，它对我的人生有什么影响。答案是：

"小历，你说话，会有人听。你的话会有用。"

我不知道自己是否应该承担这样的责任。做护士的母亲一直都坚定地站在我的身后，无论是在当时还是现在都是如此。她坚持让我做了各种检查，并启动了治疗方案。我从中读出了她的伤心欲绝，同时我也察觉到了家里其他成员不得不在我和性骚扰我的那个亲人之间站队。长大后，我把这段不堪的记忆封存到了大脑中某个偏僻的、不易察觉的角落，并试图将其完全忘掉。从时政演讲起步，我开始了自我表达的旅程。尽管那次演讲从各方面看都很糟糕，但是再糟糕，毕竟也意味着开始。

高中参加静修之后，我第一次将自己受到性侵的遭遇公之于众，我的自我表达之路也驶入了一个全新的、更加广阔的领域。几年之后，我试图通过一个口头活动来再次讲述这件事。演出的那天，我因为喉炎醒来，不得不请人代为讲述我的经历。我又花了将近10年的时间在一次演讲中分享这个故事，甚至在开始我的教练业务之后，我也会有意逃避某些东西。我会旁征博引专家的观点，却很少直接陈述自己的见解。即便是讲到自己的亲身经历，我也会故作幽默，以此来掩饰自己纷乱的心绪。所以，大家看到的其实并不是真实的我。他们怎么可能知道呢？虽然有些话我非常想告诉全世界，但是我却总是三缄其口。因为，有些话要讲出来，就得回到过去，打开尘封的档案，掸去厚厚的尘埃，去寻思其中的意义——不仅是为我自己，也是为了我的听众。

如果真的要这样做，我就不得不按照别人的意愿——当然这只是我自己的揣测——来建构讲话的内容，重塑自己的事业乃至人格。作为一个 21 世纪的职场培训师、新入职员工的培训师，我为很多人找到了她们的位置，但却没有自己的最佳位置。所以，无论是与客户签约、协调演讲会还是联系媒体，我都会先明确这样做的目的。我告诉自己："小历，一旦你突破了死亡交叉点，你就能跃升到一个新的阶段，它能给你带来实质性的转变，引领你走进自由王国。"

你是否为自己设置了一系列参数，来界定说什么话、做什么事，或在何时（何地）才可以做真正的自己？如果真的这样做了，你会觉得自己像一尊蜡像一样令人纠结不已，不是吗？

在本书引言部分，我介绍了记者见面会之后不久，我的内心就像被一盏明灯照亮了，使我明白我应该帮助更多的女性去拥抱"健力"。此后不久，我应邀参加当地举办的一场 TED 风格的演讲活动，并发表演讲。主办方告诉我，可以自选话题，只要和追求幸福相关即可。我选择了"宽恕"这个主题。事实上，在宽恕方面我并没有什么过人之处。但令我惊喜的是，主办方对这个主题非常感兴趣。"小历，我们不是要你成为专家，只是想请你聊聊宽恕是如何指引你走向幸福的。"

每当我同意参加演讲，做企业培训或要提供咨询时，我就要为"那件事"去掩饰，也因此而很有情绪，需要不断和自己做思想斗争。而这一次，我突然意识到自己无须再掩饰。"我为什么要打肿脸充胖子来证明自己？为什么要讨好谁？我不要再装了，我要把心里话说出来！"

演讲当晚，我接到通知，一个爆粗口的频率就像碧昂丝荣登各音乐榜单的大企业家也恰好途经该市，并将先于我做演讲。在演讲会场，有听众带来了啤酒玩起了行酒令——演讲者每爆一次粗口，这几名听众就喝一口小酒。那位还没演讲完，啤酒就喝了个精光，于是那几个听众不得不又点了几瓶啤酒。而那位企业家声调越高昂、说话越粗鲁，我越听得入迷。我想到了自己要讲的内容，心里便暗暗发誓，一定要和这名企业家讲得一样好。尽管当晚在座的有四分之三都是二十出头的技术员。

轮到我演讲了，我迈步走上咖啡厅中临时搭建的演讲台时，觉得一个绝佳的机会就摆在自己面前。站在台上，至少有半分钟我都没有开口，而是将目光投向下面——无论是坐着的、站着的，还是挤在咖啡厅门口的听众进行目光交流。我把自己想象成了一个摇滚巨星，一个所有人都慕名而来的大腕儿，那感觉也无过于此吧。我一连说了几个"哇呜"来表达自己内心的敬畏，才正式开始了自己的演讲。我和大家分享了我被性侵的经历，家人对性侵犯的纵容，以及我是如何通过祈祷、沉思以及对未来的展望来学会宽恕他们的。而这种宽恕又是如何化解我心中长久无法排遣和释怀的怨恨——尽管理性告诉我要宽恕，可心里又很难过去这道关。我怀疑，这么多年来，这件事对我的伤害，要远远大于对我家里其他任何人的伤害。

我向大家坦承了自己是如何学会宽恕，并在日常生活中践行宽恕，才感到自己的声音不再那么沉重，而更有创意、有活力。我揭示了我是如何在日常生活中切割与他人有关的负面想法和故事，哪怕这种切割需要时间来完成，我依然坚定着自己的信念，因为我无法再忍受那种既要让别人承担责任，又要评判、鄙夷他人（以及自己）的过失的双重折磨。

演讲结束，我回到自己的座位上，敬畏之心又重新回来了。很多人向我的座位走来，有人向我讲述了自己遭家人虐待的恐怖经历，有人告诉我他们的演讲梦。那天晚上，我听了很多的悲惨经历，也收获了很多他人的梦想。这就是我通过分享自己的经历得到的收获。分享自己的经历就像是发出了一份鼓励人们揭开旧伤疤，从而开启痊愈之旅的邀请函，而演讲只不过恰好是个很好的途径而已。几个月后，我的首个一对一团队发言人培训项目正式上线，报名人数迅速飙升。此后几年，我又不断开发了多个在线项目，其中不少参与者都曾在那个晚上参加过那个改变了很多人命运的演讲会。

为什么我拖了将近30年才说出自己的心里话

虽然我不认为我（或你）能活到公众演讲不再是大多数人最害怕的事情之一的时代，但活在这么多人仍然梦想着上台演讲的时代是令人兴奋的。多年来，我支持过的大多数演讲者，有成千上万，他们都没有说过想要演讲，也没有说要提高演讲能力，虽然他们非常聪明、有天赋，但他们觉得没有责任与他人分享自己的智慧。我分享这些并不是说我的社区成员缺乏自尊或价值感；但可以肯定的是，与我共事过的许多演讲者确实在与他们的自信做斗争。

从梦想在 TED 做演讲或做主旨演讲，到渴望在行业协会或行业会议的分组讨论会上发言，再到在社群班子小组会议上或在员工面前讲话，太多女性（和男性）都有这样的梦想。尽管他们不确定怎样才能将自己的声音更好地传递给世界，不知道如何更好地站在舞台上，但他们这样做的原因是为了激励他人并产生积极的影响。然而，他们却放弃了他们所拥有的最伟大的工具之一——故事。

如果你想发出自己的声音、想让人们过得更好，你就必须通过自己的故事，向听众展示成功必备的培养思路（mindset）、心态（heartset）、行为方式以及相应的技能和习惯。你所重拾、重现、重构、释重（并且，我希望你正在重新验证）的故事，必须是你站在听众面前时，心中最想说的话。譬如说，在员工会议上，你在叙述自己的故事时就需要更专业，不要掺杂太多个人色彩；即便如此，故事并非没有其用武之地，我们依然可以借助故事来影响员工，带来转变。

对于听众来说，那种启示录般的演讲故事有强大的说服力，这种故事能让我们重新认识自己。它还能让我们跳出非黑即白的狭隘视野，看到一个五彩斑斓的立体世界。更重要的是，尽管细节千差万别，这种故事的架构正是我们试图影响的听众喜闻乐见的。在我们分享自己的经历时，特别是在我们重构、释重并重新验证自己的发现时，我们其实是在鼓励听众做同样的事。

我的很多客户和大部分演讲班学员都走进了一个误区，把他们的故事当成了他们的伟大想法，或者以一种自我为中心的方式使用故事。"在志愿帮助儿童难民时，我感染了坏疽。为了活下去，我切除了自己的一只脚。和我的创伤比起来，你们所经历的一切都微不足道。"或者让人认为他们企图操纵听众。"请允许我和诸位分享一下鄙人是如何在一年半的时间从领低保到成为百万富翁的吧。到这里缴费报名，你也能够摆脱领救济食品券的日子，过上吃鹅肝酱吃到腻的生活。"或者，最好的情况是，给观众的感觉是一个除了娱乐之外没有任何价值的故事。比如说，"请允许我用20分钟的时间为诸位讲述一下我们一家团圆的经过。我有 12 个荒唐的叔叔……"

在演讲和授课时，我除了经常会引述一些启示录性质的故事，还会将日常生活中的小事大量融入其中——从经营管理公司、抚养女儿，甚至是剪脚指甲等工作或生活中的小事中汲取的。要把一个重要的理念说清楚，激发听众采取行动，并不一定非得经历人生的浮浮沉沉和大喜大悲。正如我们在探索中发现的那样，把故事讲好的核心要义在于要谨记，讲故事不是目的，故事不过是调味剂，最终的目的在于召唤听众付诸行动。在担任 TEDx 策划人期间，我鼓励所有与我共事的演讲者，要明确演讲者所倡导的重要理念是否正是 TED 所倡导的——"值得传播的理念"。这就是任何演讲、故事以及你所引用的任何其他渠道的素材（名言、研究结果、问题以及个案研究）的核心，所有的设计都要为这个核心服务。

再回到前述员工会议那个例子。如果只是在员工面前讲话，无论你的理念多么重要，也仅止于公司内部。然而，"我们公司该实施循环利用项目了"或者某些更司空见惯的如"我打算换一个文具供应商，因为我们现有的橡皮擦很糟糕"。哪怕这个理念不值得拿到 TED 的讲台上宣讲，但它依然是你想传达的理念。无论你将循环利用项目和换橡皮这种事儿讲得天花乱坠，还是讲得让人揪心般平淡无奇，你讲的话都会有用。

对于大多数想做商务演示或励志演讲的演讲者来说，强调

"这个绝妙的主意完全是我自己想出来的，和他人无关"这种话，无异于一场灾难（有时还会让人轻度不适），常常令人觉得筋疲力尽，有时候我们脑海里的"喷子"会突然冒出来，责问我们自己，"我说的话会有人听吗？这么多热衷的理念，怎么可能融合在一起？这个想法是不是有人说过，甚至是大家都已经知道的东西？"为了清除这种杂念以及由此带来的一切不良后果，我建议在准备演讲，开始整理自己的思路前，请思考以下几个问题。这些问题都是我非常喜欢问自己的：

我热衷的议题有哪些？这些议题是否有一个统一的主题？

在我的行业中，哪些是有深度的重要议题？在这些足以颠覆现状的议题中，我在哪个议题上有自己的见解？

我所从事的行业中有哪些问题让我想到就恼火？

在我想做的演讲中，能让听众收获的最重要的信息是什么？

为了确保听众接受我传递的信息，我需要让听众听些什么经历或故事？

思考以上问题，你就会明确你所要传递的重要理念是什么，请将其简明扼要地写出来：

我希望听众能付诸行动，做 ＿＿＿＿＿＿＿＿＿＿＿＿＿。

（如果你无法将你想传递的重要理念浓缩成一句话，这就表明你还不清楚自己演讲中要传递的理念。）

接下来，我建议你参考第四章我们推演的步骤来进行逆向思维。在呼吁听众采取行动前，需要做什么铺垫？这个铺垫又需要什么铺垫来实现？逆向推演，直到你一直推导到第一步，确定好开场白。想通过一次推导就想出一个细致入微、效果显著且完美无瑕的演讲几乎是不可能的。创作——无论是写作、演讲，还是吹制玻璃器皿——都需要下一番功夫。然而，以目标为起始的逆向思维，对故事、经历、经验和各种例证进行筛选和打磨，能够让你站在聚光灯下时，保持清醒，知道自己该说什么。

回到我们该讲什么故事、怎么讲故事这个话题。在进行逆向思维后，你应该已经清楚在什么时候讲什么故事才能达到效果。接下来，故事的雕琢，细节的取舍将在拉近你和听众的距离上起到至关重要的作用，并直接影响演讲和交谈的结果，决定听众是否会认同你及你的观点，并付诸行动。尽管这本书从前到后都是在写如何讲好故事，我还是希望能把舞台（或演讲）艺术以尽可能简洁的形式呈现给你。无论是演讲台上、培训班、课堂上，还是其他任何授课形式，在讲述故事前，我都会首先明确：

我希望听众经历什么样的恍然大悟？

我并不是某天早上一觉醒来，便决定分享第一章中所讲述的那个我第一次演讲便一败涂地的遭遇的。这件事我讲了很多次、很多年。我是希望自己的每一个听众都能意识到，他作为一个对话参与者或演讲者的经历将会产生何等深刻的影响。其次，读者也知道我对逆向思维的热衷，在对听众的自我发现进行设定并反复打磨之后，我会问自己一个问题：

要实现自己追求的目标，我需要问个什么问题（或一连串问题）？

也许你还记得，在讲述时事演讲那个经历之前，我问了你几个相关的问题。作为一个交际者，你眼中的自己到底是一个什么样的人？关于你自己你有怎样的故事可供分享？是不是这些经历让你勇敢地站了出来，大声地发出自己的声音，让世界感受你的温度？让我们再简单地回顾一下怎么提问的问题。

在我看来，什么样的人和事，是客户、新闻中出现的人物，还是历史人物的事迹能够协助我一步步引领听众，让听众恍然大悟，和自己达成共识，达到自己预期的效果？或者是展示一个人（一般来说就是指我）犯过听众可能也会犯的那些错，经历了听众也会经历的那些挫折？

后两个相关的问题很重要，因为如果你无法回答这两个问题，哪怕你故事讲得再好，也不可能促成听众转变态度。也正是因为经历了这个过程，我才意识到我的演讲必须紧密联系当下。

最后，你还需要思考：

我的故事中的哪些具体细节能够帮助我，让听众顿悟并转变原本的观念？如何把自己以及自己的故事和听众联系在一起，并白然过渡？

对于最后这个问题的后半部分，你肯定有自己的答案，问题只在于如何打磨自己的答案。要让听众听得进去你讲的故事，必须让听众有代入感，觉得自己就是这个故事的主角。怎么做到这一点？当然是通过向听众提问，而这个问题你心里已经有数了。听众能否恍然大悟，完全取决于你的提问。

"健力"时刻：讲出你的故事，让听众大彻大悟

下面，请按照上述提纲，确定一个在演讲中可以激发听众自我发现之旅的故事。（确定好故事后，请把你的故事告诉你的听众，听众可以是你的同事，或行业协会的成员，或某个会议或社群活动的参会者。）

说明：回答以下问题，明确自己想给听众带来什么转变，然后找一个能帮你实现这个愿望的故事，注意这个故事应该是个不二选择。

我希望带给自己的听众什么样的恍然大悟？

要实现自己追求的目标，我需要问个什么问题（或一连串问题）？

在我看来，什么样的人和事，是客户、新闻中出现的人物，还是历史人物的事迹能够协助我一步步引领听众，让听众恍然大悟，和自己达成共识，达到自己预期的效果？

我的故事中的哪些具体细节能够帮助我，让听众顿悟并转变原本的观念？

问题与反思

通过故事激励听众自我发现，你对此有什么感触？

听众对你讲述的故事以及你提出的问题有何反应？

通过将更多的故事融入你的对话和演讲中，你是否注意到自己与听众的沟通发生了变化？是否更能唤起听众接受你的观点，并付诸行动？

曾经有客户问我："站在听众面前的紧张情绪是否有办法缓解？"我可以以我的人格担保："当然有。"作为一名演讲者，学会正确应对站在听众面前（或仅仅是想到要站在听众面前）的紧张情绪在我迈入"健力"的努力中扮演了核心角色。其作用与摒弃所谓的专家套路、着力于与听众互动（为实现推动听众理念转变做铺陈）、学会讲述故事有异曲同工之妙。每当我情绪波动时，我都会小心翼翼，确保自己所说的话，所提的问题能激发我的听众的发现——在我找到真正的听众之前，我已

经对这些故事和问题做了足够的角色扮演。我越早停止试图给
人留下深刻印象，或者不再评判自己的表现——当然现场评判
自己更糟糕——越早将注意力放在听众的身上以及需要引导的
方向上，我就会越轻松，对这次交流就会越期待——无论是几
个人的谈话还是大型演讲，皆是如此。

　　然而，有一种交流环境，我依然在为控制情绪而伤脑筋。
当我意识到冲突不可避免地迫近时，在绝大多数场合我已经不
再惧怕，但我真正还有极大改进的空间依然是在交流领域。当
真正的冲突或自己认为的冲突将近时，我依然无法做到抑制所
有的负面情绪。但幸运的是，我已经发现并养成了一些习惯，
这些习惯让我在这些时候进行必要的对话时，变得大胆而不是
困难。在下一章中，我将向你展示当冲突出现时，如何摆脱你
可能产生的任何恐惧。

CHAPTER 10

第十章

有话直说，可以省去无效的努力

但有冲突事，必有肇事人。

——韦恩·戴尔（Wayne Dyer）

　　在我成长的岁月中，感恩节对我们全家来说，一直都是一个很特殊的节日。某一年的感恩节，父亲每过一会儿都会问母亲火鸡烤好了没有，母亲终于忍无可忍——把火鸡朝他砸了过去（我觉得大多数女性都有这种冲动，但是只有我的母亲有"健力"去做）。又有一年的感恩节，我鼻子大量出血，被推进了急救室，鼻子上插上了氧气管。然而，最令我印象深刻的，莫过于我父母离异那年的感恩节。大部分人都不希望父母离婚，可我是少数派。上小学一年级时，我的一个朋友因为父母离异而伤心欲绝，我还曾央求父母发誓永远在一起。然而不久之后，我便感觉到，或许让他们收回那个承诺，对大家来说都是一种解脱。

　　现在，我明白了，我是幸运的。父母从来都不吝啬对我的宠爱，当然，我也深深地爱着他们。值得高兴的是，在他们离婚的几年后，也没有视彼此为陌路，彼此还相互推荐矫形鞋和神经内科医生。但是在我人生的头 10 年里，他们总是把家里闹得鸡飞狗跳。那年我 8 岁。感恩节那天早上，我从卧室里出来，看到父母紧挨着坐在一起，一边看报纸，一边喝着咖啡，我就感到有些不舒服。弗农先生和弗农太太可从来不是克利夫斯夫妇（the Cleavers）那样的模范夫妇[①]。原来他们是要说离婚的事儿。我已经忘了他们谁先提到的离婚，但我依然记得那种漫不经心的口气，就像我们平时说"我要检查一下有没有新邮件"或"请把盐和胡椒粉递给我好吗"一样。其实，他们的言谈举止在上次全家出游的感恩节中，我已看出了一些端倪。尽管如此，我还是有点儿吃惊。倒不是因为他们要离婚，而是因为他们两人对离婚这件事儿的若无其事。

回到感恩节那天晚上，全家出游，我的父母早些时候曾表示，他们一致决定不调整我们的度假计划，但在开车去我姨妈和姨父朋友家的路上，他们对彼此越来越冷淡。晚餐开始后，餐桌旁的每个人都表达了感激之情。这些人中大多是好莱坞人士，因此他们说的无外乎"感谢主，我的新片得到了各方的资助和支持"，或是"感谢艾美奖，尽管我拿奖无数，但是每次

---

① 克利夫斯夫妇是《成长的烦恼》（*Growing Pains*）第一季第十六集、《西弗夫妇和克利夫斯夫妇》（又译作《家长的名誉》）（*The Seavers vs. the Cleavers*）中的人物。——译者注

获奖都是一次殊荣"之类的获奖感言式的感谢词。很快就轮到了我们家这支杂牌军了。

父亲一开口，就说了一些非常刻薄的话，因为这是我的书，所以我就不讲那些细节了。我母亲听了，当然感到震惊和羞辱，在桌子底下狠狠地踢了他一脚。在接下来的90秒内，酒就被母亲扔了出去。接着，父亲被赶出了宴会（当然是我母亲把他赶出去的，抱歉，我好像又说废话了）。姨妈像狗仔队一样，赶忙追着两人出了客厅。我还记得客厅里姨夫的那三四十个死党目瞪口呆的表情，当时自己就坐在姨夫旁边，心想，爸妈肯定是疯了。反正，一个8岁小女孩的记忆大概就是如此。

多年来，一旦嗅到冲突风雨欲来，我就会熟练运用地震应急训练时学到的知识："放下手中正在做的所有事情，卧倒、坚持、等待余震结束。"随着自己的底线和界限反复被践踏，这样的训练早已在内心深处化为忍气吞声。正是因为消极应付，等待麻烦自己消失，而非主动解决僵局，让我在工作和生活中都付出了惨痛的代价。久而久之，每当遇到类似的事儿，我就会胃疼、头疼、心痛，为此做过一次又一次痛苦的心理斗争。这种状况持续经年。

对我们大多数人来说，我们主要遇到的并不是我在那个决定命运的感恩节晚餐上看到的那种冲突。值得庆幸的是，这样的时刻很少见。但是一旦真的出现那样的情形，通常我们除了紧张地呼吸，向我们所爱的人寻求支持之外，我们什么也做不了。待情绪平复，自我疗伤后，再努力化解彼此的关系。然而，其实我们最应该重视的是发生在我们内心世界的冲突（对于一次对话、一段人际关系，一次又一次地评估构建最糟糕的可能场景，就像 20 世纪 90 年代的混音磁带一样，反复在我们脑海中回放）。

关键性重构：从被动接受者到共同构建者

我想告诉你的是，对于你所遭遇的大多数冲突来说，最应该承担责任的，是你自己。这话听起来有些刺耳，但我希望它能将你从中解放出来。如果你在创造你的地狱，你也可以创造你的天堂。我的意思是，当你发现自己处于一种你知道有可能发生冲突的情况下，为避免蹚浑水、掉阴沟，你需要一场对话来避免困局。此时，你有以下 4 种选择。

逃避对话。你一定能猜得到这种选择意味着什么。如果你猜不到，这和我对吃油炸狼蛛的看法是一样的。真的是这样。不信你可以去查。

展开临场发挥型的对话。很多时候，临场发挥都是可以的。譬如医生做手术、律师上法庭、演员说台词都需要临场发挥。当然，演员只是偶尔为之，或部分演员如此，你懂我的意思的。

脑海里为对话打个底稿，不断反复琢磨。

详细规划对话方案，精心排练，认真呈现，最终取得预期成效。

显而易见，选项 4 无疑是最佳选项。然而，鉴于你极有可能不会采纳该选项，你时常会默认你在培养皿里孕育你的"第三次世界大战"——而那个培养皿恰好就活在你的体内。然而，在我看来，仅仅说"选择选项 4"是不够的。我知道你也是这样认为的。所以我需要给你一些建议，让你觉得选项 4 是一个可行性的选择。首先，我们需要做些关键性重构。过去，一遇上需要对话的时候，你就会觉得举步维艰，我希望你能转换观念，思考一下如何把它变成"别出心裁"的对话。如果你把自己看成是矛盾冲突（无论是现实中的冲突还是自己脑海中的一种预设）的被动接受者，而不是自己处境的共同建构者，对话对你来说肯定会"举步维艰"。而如果你心怀博爱、好奇、创意，那么，你面临的将不再是"举步维艰"的对话，而会变成"别出心裁"的对话。

我做了多年的人际交流和公共演讲培训项目，也钻研了不少有关"如何应对冲突"的课程和书籍。说实话，这些课程和书籍中的部分建议还是不错的，但是也同时面临无法实现的情况。比如说，当你的同事或客户表现得呆头呆脑时，焦虑就开始在你的身体里生根发芽，疯狂蔓延，这时根本就来不及回忆那些教材或课程中推荐的一长串的"建议清单"，又怎么可能实践和成功呢？当我们发现我们根本不可能成功时，就会有一种深深的无力感，而要摆脱无力感的办法就是寻找路标，来指引我们如何思考并表达我们的立场。

如何展开别出心裁的对话

要使对话别出心裁，关键在于花时间好好准备，但是，事实上你永远也不可能有充足的时间，即便你碰巧有很多时间，与你对话的人也可能不知道你到底要说什么，或者没有意识到当时的重要场景对他的重要意义。时间是个很主观的东西，上台演讲前的10—20分钟的煎熬可能对某些从未做过演讲的人来说，好似在地狱中轮回了20多个世纪。如果我们希望开展一次别出心裁的对话，通常来说，最好能够在一个星期前就开始做准备工作。而在此之前，你首先要知道，怎么做才能确保自己以及参与对话的其他各方都能为共同打造一场别出心裁的对话的成功而努力。

首先，要对话，先规划。你不想临场发挥吧？别人当然也不想被突然袭击啊。所以，要事先通知对方你想聊什么。接下来就是准备工作：

先设定期望值，再逆向推导。想必现在你应该对此已经炉火纯青了吧。

确定自己希望得到哪些问题的答案，要问哪些问题。用一长串的抱怨或假设开始别出心裁的对话是一种简单易行的方法。相反，对于任何可能引起你情绪波动的问题，都要将自己的情绪从中剥离出来，最终挑选一两个问题，这样你就可以考察对方的态度。

分清想说什么和该说什么。当我还是个孩子的时候，我做过几次心理治疗。心理治疗室是我为数不多的可以释放所有压抑情绪的地方之一。我可以拍打东西，甚至砸东西。但更重要的是，我可以说出那些想说却不敢说的话。我的心理治疗师曾对我说，如果别出心裁的对话无法达到我想要的结果——让某人为其行为负责或付出代价的话，我可以对家里的某个成员出言不逊。只是当时的我还无法理解这句话的内涵。几十年过去了，我总会给自己一些时间和空间来发泄自己的情绪，当自己被误解或冤枉时。但是，我不会在公共场合说这些话，攻击别人对我而言没有任何好处，尤其是在自己需要别人配合时——哪怕我认为自己有十万个理由这么做。如果别出心裁的对话脱离了我自己的意愿，通常我都不去反击。相反，通过克制，我收获了自信和力量。

说出心里话。也许你也像以前的我一样，用了太多的时间来考虑自己要说什么，却很少将自己想说的话试着说出来。当你真的把要说的说出来时，你就不会只是在脑海中反复咀嚼了。说出心里话——只有这样，你说的话才能最大限度地起到积极作用。

放下包袱，轻装前行。如果你还沉浸在对某人的怒气中，那么你们就不可能展开别出心裁的对话，即使勉强为之也必将困难重重。特别是当你把自己看成是受害者或殉道者，而对方在你眼中正是那个"对你下手"的人时。我最喜欢的奥普拉名言（Oprahisms）是这样说的，"宽恕意味着丢弃过去还有另一种可能性的幻想。它意味着接受历史，抓住当下，放眼未来。"既然他做了那件事，你当然无须在那件事上放过他。但是，如果你要和那个人展开富有成果的对话，那么你就需要把握主动，做好迈向未来的准备。

从容应对别出心裁的对话引发的情绪。如果需要查看可用哪些工具帮你完成这一项工作，请重温第八章的相关内容。别出心裁的对话会引起身体不适和情绪波动。但是，它却是你迈向"健力"的重要推手。

精诚合作，共同打造别出心裁的对话

当你在打造别出心裁的对话时，你能控制的因素只有一个，这也是你唯一所要展现的——如何展现自己？具体而言包括：

你要表达什么观点？无论这是你的第一反应（情绪反应）还是思虑过后的反应（明白并决定下一步该怎么做）。事实上，这个道理同样适用于任何形式的交流。不幸的是，无论是在工作中还是在生活中，我们都会面对猝不及防的打击——哪怕我们早有预感，一时间我们也很难找到合适的应对之策。

在我的人生中，我经历了无数次别出心裁的对话，我都快成这方面的博士了。我知道最好的对话总是在我为自己的行为感到骄傲的时候发生的——不管如何争吵。当然，我越是从同情心出发谈话，谈话就进行得越好（但并不总是如此）。

提前沟通，确定日程及沟通方式。每个人都有自己的脾性，所以人们都理所当然地认为别人肯定知道你要和他谈些什么。这当然有其道理，但是并不全对。一定要说清楚自己为什么要聊这件事，自己最关心的是什么，告诉对方你想以什么形式来谈这个问题，再设定别出心裁对话的基调。

给对方发言权。别出心裁的对话一定是对话双方共同努力的结果。当然你自己要先主动，在表明自己的想法后，一定也要给对方同样的发言权。

讲出你的故事，询问对方态度。既然对话是你倡议设定的，无论对话顺利与否，都要表明自己的立场（或者自己对目前状况的态度），以推动对话继续进行。讲话也是需要勇气的，一旦你克服了怯懦，你就会好奇（是的，我有一些偏见，我想让

你感到好奇）对方的看法。因此，你需要询问一下对方是如何
看待的。

设定谈话基调，注意肢体语言，展现对对方的尊重和诚意，
促进相互理解。要使对话别出心裁，就要注意自己的面部表情、
手势以及站相或坐姿（尤其是倾听对方谈话，可能引起你情绪
波动时）。如果意识到自己噘嘴、鼓腮，要摆出一副天生臭脸（没
错，就是天生臭脸）的模样时，深呼吸，让自己放松。如果意
识到自己肩膀泄气式地耷拉着，或者耸肩耸到了耳朵边，深呼
吸，放松。如果发现自己双腿紧锁，就像三明治里的花生酱黏
上了果酱，那么，深呼吸，放松自己。

亮明各自观点和理由，厘清误会，敲定共识，总结得失。
随着对话的深入，你会发现，己之意面乃彼之芦笋汤，一切都
是误会一场。自己要勇于承担误解的责任。更重要的是，表明
自己想推动和解，推动事情进展的愿望和决心。（这样做并不
意味着退缩到兔子型人格，勇于担责恰恰表明你是在拥抱猎豹
型人格。自己犯的错，自己勇于承认，其实是在表明自己本可
以做得更好。）

探讨未来紧密合作的创造性方式。别出心裁的对话，即成
功的对话。因为它意味着各方在对话中能携手合作，共同创造
相互理解、推动进步、明确未来合作的空间。每场别出心裁的
对话，我都会努力将自己准备说的、准备问的都说出来，提出来，

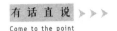

让对方把该答复的都答复，要想方设法保证将应该解决的问题
在这次对话中全部解决。下次对话有下次对话的任务。

别出心裁对话用语攻略

当对话充满火药味，有可能引发冲突（或已经引发冲突）时，
我们的一言一行，将决定事情会越发艰难还是会引出别出心裁
的解决之道。因此，我建议应该多用以下用语。

"我看行。"我看行，是我最喜欢的表示赞同的用语，现
在依然是我的最爱。它会让对方瞬间感到自己受到了重视。当
对方分享了一个想法、意见或感受时，你可以回答说，"我看行。"
但是，千万不要说"我看行，只不过……"便开始自说自话。"我
看行，只不过……"用在喜剧中简直是妙不可言，但是在别出
心裁的对话中，"我看行"的效果是无法比拟的。

"谢谢。"有人告诉你他来自哪里，你可以说"谢谢"；
有人在自己最脆弱时找你述说种种委屈，你可以说"谢谢"；
有人向你澄清了她的思路，你可以说"谢谢"；有人承认自己
做错了事，你可以说"谢谢"；有人向你保证以后一定好好表现，
你也可以说"谢谢"。

"我希望我们能一道……"这个句式能让你的对话取得意
想不到的良好效果。但是要注意，用这个句式的目的不是为了

在言语上占上风，而是提出一个对方（无论其观点是否和你一致）也愿意接受的提案。

"我在听，请继续。"当某人情绪低落，脆弱到极点，你希望让他知道你真的想听到发生了什么，你就可以用这句话。或者你希望某人不要总是点到为止，希望听到一些实质性的东西时，你也可以用这句话。

"抱歉。"如果你确实做了错事，你愿意承担责任，并保证改过自新时，说"对不起"就再恰当不过了。有时候别人很难过，或者由于你的无心之失让人难过——哪怕你并没有做什么必须道歉的错事，你也可以说声"对不起"。但是，你要清楚自己为什么要说"对不起"，并且要告诉对方。（重申：说"对不起"并不是让你放弃自己的权利。此处的"对不起"和希望别人向你道歉时所说的"对不起"是两码事儿。"对不起"不应该是一种认罪协议或条件交换。）

"我能为你做点儿什么？"当对话双方在一起集思广益，天马行空地畅想未来的合作之际，最富有爱心（同时谦卑）的举动就是询问对方，现在和将来我能为你做些什么。仅仅是说出这句话就可以使濒临崩溃的关系起死回生，当然，前提条件是双方必须都有安全感，并承诺为了彼此的利益尽最大努力。

举步维艰的对话常用语

另一方面，我也要指出，我们一定要避免使用一些词或用语。哪怕你觉得自己有一百个理由，哪怕它是你最喜欢的口头禅，都不要再用。因为这些用语会在你和对方之间竖起一道墙——这道墙会把你和别出心裁的对话隔离开来，将你完全禁锢在举步维艰的境地。

"你……你……你……"（尤其是对话主要是为了讨论过往）。"你"一词就像一记重拳，一番指责，会让对方警觉、戒备和指责。因此，切忌说"你"，而要说"我们"这个集体名词。无论是在谈论过去还是未来，"我们"一词的使用将使对话别出心裁。

"我是这么说的吗？……"当某人误解了你说的话，很容易让你变得像一头发怒的攻击性犬。万一真的出现这种情况，请务必保持冷静（不争论），将误会记下。对方显然没有接收到你希望传递的信息。不能动口，更不能动手，深呼吸，用恰当的词把那一部分再解释一遍。解释时尽量说得简单明白。越简单，对方越能明白你想表达的意思。

"这不是我的问题和责任"（或都是你的问题和责任）。这和上一条很像，但是我还是把它单独列了出来。一件事情不管是谁的责任（或者不是谁的责任），即便你有一百个理由这么说，但这无异于在自家门口划火柴点燃了燃气管道，把整个街区都夷为平地，你却不知道到底发生了什么事儿。

和解式的"可是……"。在事关重大的对话中切忌说"可是"！正如我们在第四章所探讨的那样，一个"可是"就可能使之前的一切努力白费。当你一脚迈出举步维艰的对话，一脚迈入别出心裁的对话时，一句"可是"就能一拳让你回到举步维艰的处境，其势头之快，譬如流感季一个学前班的孩童得了感冒就能马上传染给全家老小一样。（你猜我在撰写本章内容时是不是戴着一个严严实实的口罩？这个类比绝对没错啦。其逻辑上的严密程度一点都不亚于我现在戴的口罩。）

"某某，而某某这样说……"切忌传闲话，也不要把不相干的第三方牵涉进来。你和对方坐下来，要谈就谈该说的正事儿，这才是正理儿。如果你认为有必要给第三方安排一个角色，请另找时间、找对人专门谈此事。

追根溯源

化解冲突型思维（更重要的是心态）可以减少女性的自责频率。弄清楚自己在和别人交流时为什么会出现某种情绪十分重要，其重要性一点也不亚于如何应对冲突，如何不以别人的态度评判自己的价值，以及如何让我们在某一个时刻原谅别人的行为（甚至将其变成一种习惯）。其实，我们对大部分人的做法的看法不见得就是那些人的本意，哪怕在我们看来这种行为过于丑陋、让人难过，或让人不解。

我家院子里有一棵奇怪的树，每次看到这棵树，我就觉得非常好奇。因为住在沙漠地带，所以我常想，一棵树慢慢地枯黄肯定是因为干旱导致地下水减少和升温的缘故。直到园林绿化公司派人过来，我才明白，这棵树枯死可能是因为树根埋得太浅，也可能是因为树皮上被虫蛀了几个洞，还有一种可能是灌溉系统漏水，导致其长期漫灌而死。换句话说，要查明原因，我必须追根溯源，而不是流于表面自己瞎琢磨——或者说，不要匆忙下结论。

该原则同样适用于我们生活的方方面面。

让你"举步维艰"的行为表现

逃避

当人们躲起来，可能是在逃避谈话、会议或截止日期，不深入分析，就可能会流于表面，希望靠一句"不要再拖拖拉拉了"的提醒，就能解决所有问题。事实情况是，一个人之所以逃避，可能不是因为通宵刷剧，白天精力不济那么简单。

追本溯源

1. 自觉无法胜任。

2. 不安全感。

3. 没有存在感。

（基于根源分析的）解决方案

1. 多表扬和鼓励。

2. 创造宽松环境，让他们敢说话、敢做、敢冒险、敢犯错。

3. 花点时间和他们打招呼，花点时间了解他们，让他们觉得自己被在意，被重视。

置身事外

这和上一条"逃避"有相似之处——这两类人对对话没有兴趣，都有长期的拖延症，而且是在应该把握机会时错失良机的人。但事实上，如果我们耐心地追本溯源的话，"置身事外"者最想说的其实是："教练，算我一份。可千万不要浪费了我的潜质！"

追本溯源

1.觉得对话没有挑战性。

2.没有参与感。

3.觉得对话只是瞎扯淡。

(基于根源分析的)解决方案

1.让他们走出舒适区，能够充分展现自己的才华。

2.助他们找到动力，用动力激发起参与热情。

3.这一点挺让人绝望的。但是，如果看到自己的付出并没有转化为行动，他们就会认为自己的意见没有得到应有的重视。所以，一定要讲清楚你是怎么看待他们的见解和主张的，哪怕他们听了不爽，也要让他们知道。

大吼大叫

恕我直言，那种对他人大吼大叫的人并不是多糟糕。对，并不糟糕。一个人对另一个人有敌意总是有原因的。我也有大吼大叫的倾向(我每天要睡8个小时来抑制自己的倾向)，所以，我知道大部分人之所以大吼大叫的原因。

追根溯源

1. 觉得自己说话没人听。

2. 觉得自身力量薄弱。

3. 看到别人的这种做法奏效，就去效仿。

（基于根源分析的）解决方案

1. 给他自由表达的空间，不要打断他。

2. 询问他因何大吼大叫，确认如何避免（至少要弄清楚他的想法、选择余地和行为）。

3. 向其解释这种行为给你或他人带来的困扰，双方一道营造一种双方都可以接受的方式来疏导这种不良情绪。更重要的是，要创造出一种一视同仁的环境，和所有喜欢大吼大叫的人打招呼，这样才可持续。

诿过于人

当我打算把诿过于人也列为可以宽恕的另一种行为时，我很担心你是否会继续读下去。但是，我还是打算请你宽恕这种行为。天哪，我已经说出来了。如果我具备以下列出的缘由，我也会诿过于人。所以我清楚为什么有的人会诿过于人，我也在寻找解决方案，答案源于我的亲身体验。

追根溯源

1.认为对自己的过错承担责任相当于缴械，会使自己名誉扫地。

2.认为自己不过是替罪羔羊，罪不在己。

3.对现状或他人的做法等极度失望。

(基于根源分析的)解决方案

1.嘉许勇于承担责任的行为，哪怕这样的出发点、感受和做法令人作呕。

2.公正对待每个人在造成当前局面中扮演的角色。

3.给别人创造条件让他们说出心中的怨气——让别人把话说完。

辩解抵赖

"真的不是我，我敢拉钩向你保证。要是我，我也会这么做。但是我没有。好吧，是我，是我干的。"人们辩解抵赖的原因五花八门。要有效杜绝此类行为，我们还是要找出其根源。

追根溯源

1.觉得自己受到了攻击。

2.害怕说实话会受罚。

3.找替罪羊代己受过。

(基于根源分析的)解决方案

1.避免使用所有可能将别出心裁的对话变成举步维艰的对话的任何词句，特别是"你"一词。

2.给对方有畅所欲言的安全感。

3.以身作则，如果条件允许，可以对勇于承担责任的表现给予奖励。

"健力"时刻：爱上让你为难的人

以上列举了5种让人"举步维艰"的行为。而能让你翻脸比赌桌上的牌局翻盘还快的（抱歉，但我是拉斯维加斯人，总得让我引述一次赌博相关的比喻吧），莫过于对方的面部表情。然而，在一张张或陌生或熟悉的面孔中，总有一张面孔让你特别不爽。盯着他，多观察一会儿。

说明：想一想，你最讨厌的人是谁？他都做过哪些"让人为难"或难受的事?(可以有多个答案)思考一下他们这些行为背后的根源是什么,然后找出对应的解决方案。

问题与反思

本章的练习让你对对方的感受和认知发生了何种改变?

实施了相应的解决方案后,对方的行为有何改变?

当你从某人身上看到了上述五种"举步维艰型"行为模式时,你会产生的第一反应(以及思虑后的反应)是什么?

你有哪些默认的"举步维艰型"行为模式?

哪些人或事会引起你的过度情绪化?情绪发生变化后你怎样更好地应对?

在本章,我给读者提了一些建议来应对日常生活中的小冲突(little- c conflicts)。不幸的是,有时外在的冲突可能是超乎我们想象的——譬如和同事、家人或者客户在某件事上发生严重冲突,即所谓重大冲突(capital- C Conflict)。截至本书截稿时,据美国儿童家庭暴力协会(Childhood Domestic Violence Association)的统计,美国当年遭受家庭暴力的儿童有 500 万人,有 5000 万美国成年人在成长的过程中遭受过家庭暴力。另据美国退伍军人事务部(Department of Veteran Affairs)统计,目前每 10 名男性中有 6 名(60%),每两名女性中就有一名（50%）正承受着某种形式的心灵创伤的煎熬。因此，美国常年有接近800万的成年人有创伤后应激障碍（PTSD）就不足为奇了。

如果你曾亲历身体暴力、性暴力、种族暴力、言语暴力或情感暴力，或你曾置身此类环境之中，抑或曾目睹某人，尤其是某个有权有势的人滥用其手中的权力——例如强迫某人必须按他的意思来做，"管好自己的事，放手、宽恕，祝福"，这种经历轻则造成受害人冷漠，对身边的事情视而不见、充耳不闻，重则造成精神创伤。如果事情发展到这种地步，我不建议你和施暴者进行别出心裁的对话，也不建议你为这种局面承担责任。当对话已经没有安全感可言时，我建议你找专业的医疗机构进行治疗，若有必要，且条件许可，请寻求法律救助。事情至此已和"健力"无关。

在本书的最后几章，我们将从探讨如何向外界发出自己的声音（无论通过演讲、会议，还是在各种场合、生活中抑或是社群生活中展开别出心裁的对话）转向如何运用自己在生活中方方面面的影响力引导世界。我们将探讨在工作中和生活中，当我们被偷偷瞄上，当我们面临威胁甚至可能是窒息时，当我们自认为自己已经振作起来，开始呐喊，却被猝不及防地蒙蔽了双眼和口鼻，让我们怀疑自己，无法相信自己，让我们完全无法呼吸时，如何才能既清楚地表明自己的界限，又能保持"健力"。我们将探讨身处这样的时刻如何依然保持"健力",以及当我们感到与"健力"相行渐远时,如何抓住机会,施展并拓展我们的领导才能。

CHAPTER 11

第十一章

有话直说，可以减少伤害

我庄严宣布，女性必须学会自己保护自己。在这一点上我们绝不能依赖男性，这就是我的立场。

——苏珊·B.安东尼（Susan B. Anthony）

苏珊·B.安东尼（1820—1906）是一个废奴主义者、教育改革家、劳工维权人士、禁酒运动推动者和妇女参政主义者。在那个美国平均寿命只有 50 岁的年代，安东尼活到了 86 岁。她一辈子所做出的贡献，我们两辈子可能也赶不上。安东尼终身未婚（也许以其参与的社会活动之多，贡献之广，她根本无暇顾及婚姻——一家之言而已）。她原本是个老师。17 岁时，她就和伊丽莎白·卡迪·斯坦顿（Elizabeth Cady Stanton）一起领导美国全国妇女选举权协会（National American Woman Suffrage Association），这也是她的众多贡献之一。1872 年，安东尼在其家乡纽约州的罗彻斯特（Rochester）参加了投票（需要说明的是，当时女性并没有投票权，所以她的行为是违法的）。她因此被捕，并被判有罪。然而，她并不服输，又和斯坦顿一道向国会呈递了宪法修正案，要求给予女性投票权。一直到她去世，美国女性都没有获得投票权。直到 1920 年，所谓的《安东尼修正案》（*Anthony Amendment*）终于获得通过，成了《美国宪法第十九号修正案》（*Nineteenth Amendment to the US Constitution*）。

我是到了高三才知道有苏珊·B.安东尼这个人，安东尼在美国第一次女权主义运动中扮演了很重要的角色。在当年的历史课上，我和同学们玩了一个游戏——把写有美国历史上著名女性名字的纸条放在一个帽子里，让大家来抓阄。拿到纸条的同学要以第一人称对抓到的纸条上的女性做人生独白。纸条上除了有安东尼，还有索杰纳·特鲁思（Sojourner Truth）、贝蒂·弗里丹（Betty Friedan）、葛洛莉亚·斯泰纳姆（Gloria Steinem）等人。而我抽到的是特蕾西·查普曼（Tracy Chapman）。

我不好意思承认这一点，但当时我很伤心。我不知道特蕾西·查普曼是谁，甚至当我得知她是一位民谣歌手、作曲家和社会活动家时，我仍然感到失望。不仅仅是因为我害怕讲述一个有色人种女性的故事会有种族歧视的意味。这并不是我失望的最主要的原因。我刚刚学到了什么是女权主义，我想要抽到一个更有分量的女权主义者，像安东尼这样为女性权利而战的人。再不济也要抽到一个时不时就能说出"厌女症患者"（厌女症）、"仇视女性者"等词的当代女性。我希望有人能帮助我理解我的性虐待，帮助我认识到我的经历是不幸的，尽管这种经历对于女性来说十分常见——而对男性来说也同样如此。从我在历史课上听到女性主义是一种相信男女在政治、经济、社会等各个领域都是平等的信仰的那一刻，我就接受了女性主义。我希望能站在那些和我一样，因为痛恨性别不平等而出口成章的女性的立场上，为她们代言，替她们发出自己的声音。

本科第二学期，我偶然进入了一个女性研究班。不久之后，我就换了专业。后来，我加入了"全美妇女组织"（National Organization for Women）（还当上了该组织本市分会的分会长）。在拉斯维加斯上大学对我最大的意义在于，我正是在这里接触了真正的女性主义。在这里，我不仅了解了潜移默化、制度化、无意识的性别歧视是一种无意识的制度化构建，也认识到生理和社会性别极其复杂，和种族、阶层、性别认同以及个人能力差异有着千丝万缕和错综复杂的关系。此外，我还要学习快感和危险性关系之间的（模糊）界限——大学期间，我经常参与关于性交易是否应该合法化的辩论。直到现在，我依然没有找到答案。我还剪去了长发，在 37.8℃ 的炎炎夏日走上街头，露出腋毛，参加游行。我甚至还告诉和我约会的男友（实话实说，截至目前，只交过三个），我无法认同婚姻制度。

除了践行女性主义理念外，我还参与了很多社会活动，诸如发起了一个专门针对女生的非营利性领导力培训项目，担

任校园性侵受害者的导生，还加入了同异性恋联合会。在老
弗雷德·菲尔普斯牧师（Minister Fred Phelps Sr.）到拉斯维加
斯散播对男女同性恋、双性恋、变性者和性别认同混乱者群体
（LGBTQ community）的仇恨时，我参加了抗议活动。读研时，
我规划了一个以女性研究为核心的跨学科文学硕士课程。在研
究生毕业论文答辩时，我取得了自己的第一个女性研究领域的
助理教授身份。

　　毕业参加全职工作不到一年，发生了一件让我非常愤怒的
事情（说实话，大学期间，很多人都把我倾注于解决社会不公
的热情误解为愤怒。但对我来说，我只是想给社会带来些积极
的改变）。现在想来，我在研究生毕业到全职工作期间的愤怒，
本质上是一种屈服的愤怒。尽管我是在一家非营利组织工作，
90% 的员工都是女性，自己的身边就有很多女权主义者，可是
却总有一种异样的感觉（请让我出来透一口气）让我不吐不快，
那是种被压迫得喘不过气的感觉。作为一名身体健全、受过良
好高等教育、异性恋者、中产阶级的白人女性，我真想扇当年
享受着白人特权、正值青春年华的"千禧一代"，却牢骚满腹、
顽固而又迟钝的自己一耳光。但我当时的感受的确如此。正如
你所知道的，当你背负着高额的学生贷款债务时，就会特别害
怕。我是一名年轻的专业人士，我的许多行政工作让我感觉与
20 世纪 50 年代和 60 年代引领第二波女权主义者走出家门走上

街头游行的家政工作不相上下。

我曾幻想将第一份工作当成培养自信的新起点。在读本科和研究生期间，我养成了一个习惯，希望自己能够超越别人对我的期待，所以我尽一切可能来锻炼自己的领导能力，像捕蝇草拼命地捕捉昆虫和蜘蛛一样，我拼命地拿奖拿到手软。然而毕业后，每天的工作不是复印照片，就是心不甘情不愿地去"唐恩都乐"甜甜圈连锁店（为女领导）买咖啡，而备受人们称赞的才华就这样被白白浪费掉了。我觉得自己根本就找不到合适的机会，来对某个重要的议题发出自己的声音，也不曾有任何机会举起手来，对陈旧过时的做法或观念提出反对意见。几年后，我终于找到机会从中跳脱出来，成了一名培训教练。尽管我一直说自己是一名女性主义者，但是在内心深处，我对此是存疑的。我心中一直藏着一个疑问，那就是为什么对我来说本应该是解放人的天性的工作场所，却为何让我时时处处觉得自己的人生之路越走越窄。

你也是"愤怒的民众"中的一员吗？

2016 年，《华盛顿邮报》（*Washington Post*）和凯塞家庭基金会（Kaiser Family Foundation）所做的一份全国性的调查显示，每 10 个女性中就有 6 个自称是女性主义者，而男性中自称是女性主义者的也高达 1/3。年轻女性中自称是女性主义者的比例甚至更高。18—34 岁年龄段的女性自称是女性主义者的比例高达 64%。然而，调查也显示，43% 的美国人认为女性主义运动是一群愤怒的人发起的。看到这则消息，我才明白，原来自己就是所谓的愤怒的女性主义者。（澄清一下，我现在依然是女性主义者，不过已经不再那么愤怒了。两种情况除外。一是女儿学我的样子对我说，"妈咪，鉴于目前的状况，我希望你能主动承担责任"时，二是老公一感冒就搞得鸡飞狗跳时，好像咽喉肿痛、流鼻涕是男性感冒的专利一样）。

既然统计显示 43% 的人认为女性主义者或者至少认同女性主义核心价值的女性都是愤怒的民众，那么我们完全有理由相信，大部分女性在工作和生活中通过她们的努力——已经跨过了愤怒这个阶段。基于我自己的研究和我的授课经验，我知道女性为什么会愤怒，有时甚至会生自己的气。她们之所以愤怒，主要是因为女性角色社会化的过程中产生的性别歧视以及这种社会化所带来的结构不稳定性。但是，从根本上来说，女性主义并没为女性个体开辟一条既能够发挥自己个人能力，又能够取得幸福的道路。

所以，当有人说我是女性主义者时，我觉得无所谓了。其实也不能说得这么绝对。和 60% 以上的女性同时站在所谓的女性主义阵营已足以自我麻醉，但是，我更希望你能思考的是，你自己是否也是"愤怒的民众"中的一员。换言之，回顾过去一个月的生活和工作以及你和他人的交流（也包括你的自言自语）过程中都说了（或做了）什么。以下是部分提示。

对他人说

"我很想 _____，只是我恰好没空。"

"当然了，我肯定会 _____。"（随后，你从日程安排上将本已经安排好的某个事项删除。）

"目前我还没有收到别人的回复，所以无法决定自己的日程安排。您能晚一点打过来吗？"

你一时冲动就冲某人大吼起来，可是话一出口，你就后悔了。

在社交网络上对自己不喜欢的人和事发表恶毒的攻击性言论（而非建设性的批评意见）。

对自己说

"等我做完了 _____，我一定要好好休息一下，调整一下。"

"阿尔·戈尔（Al Gore）还是哪个王八蛋，恨死我了。如果他没有发明互联网，我就不用回这些该死的电子邮件了。"

"那个谁（此处用配偶或子女的名字替换'谁'字），你觉得我天天闲得慌，没事做，就该跟在你屁股后，替你收拾东西是吧？"

"如果我'不巧'从楼梯上摔下来，我就可以请病假，不用上班（不用做事）啦，还得有人伺候我，想想都觉得：美！"

如果你频频点头，脸红得像番茄酱，那么，你就该把那些绑架你的"健力"——乃至扼杀你的幸福的元凶一个个揪出来，再把它们逐一干掉——否则，它们会一点点地，最终把你完全变成一个刻薄鬼。而这个元凶就是你的"底线"——更确切地说，你的"没有底线"。

设定底线和界限，并提升领导力

撰写本章时，我在搜索引擎输入"boundaries"（"底线"或"界限"）一词，结果令我吃惊得下巴掉到了膝盖上。好吧，我夸张了，其实是掉在了锁骨上。该词的搜索结果竟然有 229,000,000 条。更让我吃惊的是，当我在亚马逊网站输入同样的词条，搜索引擎竟然推荐了 49,676 本相关书籍。这些书覆盖面很广，既有关于普通人在工作、约会、婚姻、对待子女、对待配偶的亲属时如何设置底线和界限的问题，又有医患关系的底线和界限，甚至还有关于歌曲创作的底线和界限等问题的书籍。很显然，很多人都希望在底线和界限这个问题上获取一些帮助——这些帮助涵盖了生活的方方面面。而在所有需要帮助的人中间，女性尤甚。尤其是大部分相关书籍和资源都以女性为主要的目标受众。不错，底线和界限听起来似乎更像是一个自助型问题。但是，能否坚守底线和界限与是否有能力和我们希望、需要、应该对话的人进行大胆而推心置腹的对话有直接关系。底线和界限能让我们不再围着别人的议程转，为他人做嫁衣裳，而是让我们的一言一行完完全全回到我们自己关心和关注的事务、事业和热心的议题上来。

在谈到如何帮助青年成长这个话题时，我的一个导师曾告诉我，"无规则，不自由"。她的意思是说，如果我们想让人们（当然这个道理不仅适用于那些瘦高瘦高、脸上像撒了胡椒面似的满脸青春痘的年轻人，也同样适用于我们这种见到白头发就想拔的老家伙）知道你对他们有什么具体的要求，让他们畅所欲言，不用担心说错话还要承担风险，让他们全身心投入你组织的活动中，你就必须制定好规则。在规则的框架下，他们可以天马行空地发挥自己的想象，怪诞也好，背离传统也罢，都没什么关系。因为有了规则，他们自己就会把握成败的尺度。而如果没有规则，你就只能抓瞎了。

底线和界限能够让你每天早上一睁眼就知道自己该朝哪个

方向努力。它能够帮助你决策，让你知道该怎样和自己、和他人对话，这样你就会沿着自己设定的思路和方向前进，而不至于被别人牵着鼻子走。如果没有底线、不设界限，你就不可能有清晰的规则意识，只能凭直觉瞎琢磨；就会总是觉得自己哪里不对劲，既觉得活得不像自己，却又和别人格格不入；也会一会儿是盼着别人赞许（兔子型人格），一会儿又是憋着无名的怒火，见谁骂谁（霸王龙型人格），像乒乓球般左右摇摆。因为，你痛苦地发现自己不过是别人拙劣的追名逐利游戏中一枚小小的棋子。在底线和界限这个问题上，我们大部分人都在自欺欺人。你不知道我在说什么？那就请你认真回答以下几个问题：你快乐吗？你在日常生活中能从容展现你的"健力"吗？你的内心舒畅吗？你觉得自己善于人际交往吗？

几年前，我们演讲人策划团的一个女成员曾经设计了一套评估方案，在正式启用前，她向我们团队征询了意见。大部分反馈都是，"没有必要搞这么一套方案""我要是早点认识你就好了……""唉，我以前也和你一样，幸好现在我戒掉这个习惯了。"你也许已经想到了，评估方案的核心就应该是设置并坚守底线和界限。但是颇具讽刺意味的是，正是这些自称能够把握付出和收获之间的平衡的这些人，在私人辅导课上抱怨自己的客户和同事频频逾越自己的底线，提出不合理的要求。她们不止一次说自己非常沮丧、暴躁，精疲力竭。

作为一个正在恢复的过度给予者，当涉及维护和阐明我的界限时，那仍然是我正在进行的一项工作。对我来说，连续一个月在周末没有回复邮件，我心里就会惴惴不安。客户找我帮忙，如果我直接告诉客户我们的合同里不包括这项服务或本人没有受过相关培训的话，我的眼前就会闪现出这一幕：一个主管告诉其团队成员，"这里不需要你了，你可以走了。"在坚守自己的底线与取悦同侪之间，我就像在兔子型人格和霸王龙型人格之间一样不断摇摆。猎豹型人格是什么？

记得在不久前的一个周五下午，当时我正在开车，网络连接时断时续，我收到了几个客户的十二三封邮件。本想拖到周一，等有了像样的电脑（最起码有个实体键盘吧）和网络再给她们反馈主旨演讲内容方面的意见。但一想到可能会出什么岔子，我瞬间又犹豫了。我赶紧拿起手机，开始一个个给她们回复。但等一一回复完，我就开始一边痛骂这几个家伙不尊重别人的时间，一边哀叹自己当初瞎了眼，收费收得太低了。

如果我的朋友或同事要评估我的底线和界限的话，我很想告诉她："在这方面我做得还不够好，仍有许多需要改进的地方。"但是，如果真的有朋友或同事这样问，我的答案会和我的客户一样，"天哪，我从来没有想过这类问题。"其实，我不是，我们大多数人都不是。我还从来没见过哪个志向远大、表现优异、敢于追随内心想法的女性不曾感到精疲力竭的。

如果我们不彻底改变我们的生活、工作方式，就无法发挥我们的"健力"和领导才能。如果我们不建立、申明以及重申（反复重申）我们的界限和底线的话，别人（或许他们和你我一样也是在为此而苦苦挣扎）无意中可能就将我们的精力、才能和我们的幸福感一点点蚕食殆尽，而迫使我们以一种削弱我们的能量、天赋和整体生活满意度的方式工作、生活。反过来，如果我们能向服务的对象（我们的同事、客户、伙伴和孩子）展现我们改变对待工作的方式的决心，我们就能鼓励他们，并允许他们也改变自己对待工作和生活的态度。

这个世界需要女性充分展现自己的才华。但时至今日，依然有这么多的女性背负着过多的责任，不敢坚定地维护自身权益，不敢说出自己的想法，无法和其他女性融为一体。如果像苏珊·B.安东尼这样的女性（尽管她并不完美，但她坚定地致力于为女性争取前所未有的权利）知道今天的现实，她该有多伤心。当今世界的权力结构以及诸多政策和做法不仅伤害着女性自身，还伤害着我们的孩子和广大男性同胞，但是我们却鲜少将其作为优先解决事项，更遑论用我们的影响力来改变这一切。每当选举出新的领导人无法代表我们的利益时，我们只能眼睁睁地看着政治、经济、社会和环境等一步步滑向恶化的深渊、退向衰退的边缘，自己却作壁上观。即使当我们真的不再做看客，行动起来，我们却纵容自己去攀比、抱怨或指责他人，而不是善用自己的"健力",将大家（尤其是那些和我们观点不同的人）团结起来，去解决关乎所有人前途命运的重大问题。

要想成就自己的梦想，不枉来世上走一遭，你就必须旗帜鲜明地提出自己的要求（不，应该是强烈要求！）——而没有"健力"，就不可能做到这一点。要给自己喘息之机，不要让自己忙得脱不开身。主动（若有必要，现在就做）把自己的想法告诉你的上司、同事、朋友和家人。请把埋没在任务清单末尾，关乎自己的工作、梦想的相关事项列为优先事项。你还要注意，别踩到别人的底线。另外，要言行一致，自己做不到的，不要强求他人。

捍卫底线入门课

通过前几章的学习，你已经知道，不要把拥抱"健力"复杂化是我的一贯主张。我们应该把它变成一件有趣的事情——虽然它可能会引起你的情绪波动，但这是交际的一项基本法则。所以，交际离不开规则的建构、离不开精力的投入，也离不开一种直觉。让它们来引导我们在时不时的不确定感中自由翱翔。请想一想，每天早上一觉醒来你最需要的是什么，是什么让你鼓起勇气主动去面对任何一个人以及话题，又是什么让你能畅所欲言，让你说的话有分量，让你有勇气展示自己不完美的一面。"健力"很简单，无须把它复杂化，更无须弄一套自己都记不住的公式。

要拥抱"健力"，只需要五样（真的只有五样）东西——不仅如此，它还能让你化身"健力"使者，将这个福音传播给其他人。

1. 每天保证八小时睡眠。

2. 相信自己有充足的时间做自己想做的事（具体有多少时间并不重要，感觉时间充沛才更重要）。

3. 确保财务自由（即无论从哪个角度来说，当前的工作无须让自己担心经济上的压力，可以随时放弃这份工作）。

4. 有充足的时间和自己所爱的人在一起。

5. 有充足的独处时光。

为了做到以上五点，我给自己设定了一系列底线和边界，也亮出自己的底线，并坚守住了其中大部分底线。比如，第一条，每天入睡前一个小时，我就会关掉电脑和手机。在写本段文字时，我的手机依然是静音状态。如果不关机，一有电话或短信，我就会忍不住去看。第二条，为保证充足的时间，大部分任务，我都会给自己两倍的时间去完成。现在我依然在坚持这么做。第三条，到现在我还住在比朋友主卧的衣柜大不了多少的出租房里，这样我就不用背负房贷的压力，在与客户沟通时我便有了底气，不用担心万一这个客户跑了，房贷就还不上了（我希望你知道，我已经有很长时间没有感受过财务自由是什么滋味了。截至目前，公司的运营成本依然远远高于我的个人开支，我还在为实现财务自由苦苦奋斗）。第四条，周末我尽量不回任何电子邮件。从周五起，我就开始拒绝会见任何客户（这样我就不用再为别人的事烦心，到周末就能和家人在一起享受轻松和闲暇）。第五条，我会定期和女儿、丈夫分开一段时间。这样，和他们在一起时，我会更开心——而不会觉得心力交瘁。我也就用不着动不动假装"肚子不舒服"，好偷偷溜进卫生间，拿一本杂志，偷得片刻的宁静。拜托，如果你已为人父母，我知道你肯定也会有切身体会。

你是否也有绝不妥协的"健力"？是否设定了底线和界限来捍卫自己的"健力"？如果不敢亮明、无法坚守自己的底线，你有没有想清楚后果是什么？像我一样，当底线不守、界限荡然无存，或维护底线的意志不够强硬，你也会一路溃退，直至整个人心情糟糕到极点。当然，乱糟糟的局面有时是无法避免的，纵使你有洁癖也无济于事。但是，认识到底线和界限的重要性，哪怕只是一厢情愿的坚守，也会帮助我们找到一个个巨大而重要的支点。例如，在做出让丈夫加入我（我们）的事业这个决定时，底线和界限（更准确地说应该是打破界限）就起到了极其重要的作用。如果你的配偶每周一到周五都不着家，就不可能好好地照顾家人，你就别想给自己留下充足的时间做自己的事儿了。

当然，如果无法让人知道我们的底线和界限，我们的心情同样会乱糟糟的。或者，别人明明知道我们的底线和界限，却明知故犯、无法无天地触及我们的底线时，如果我们不加反抗，同样会让我们陷入困境。在别人践踏我们的底线时沉默，我们自我感觉好像墙上挂的碰都碰不得的珍贵艺术品一样高贵，但是在某些人的眼中，比如说在老板或客户的眼中，我们不过是别人用来练手的猫抓板——一个任人戏耍的工具而已。告诉别人你的底线——告诉他们你的容忍是有限度的，告诉他们，他们已经践踏到了你的底线。亮明底线的做法本质上是别出心裁的对话的另一种表现形式而已。当然，你也可以换上法兰绒睡衣，睡得天昏地暗，这样可能让你忘掉所有的烦恼，也不会冒犯任何人。或者你也可以嘴上说"没问题，行、行、行。好、好、好"，转过头你能保证自己不会破口大骂（或心里暗自诅咒）"这个忘恩负义的王八蛋——你怎么不去……（填空题，爱填啥填啥，开心就好）"吗？但是，无论哪种做法，都不可能让你拥抱"健力"——更不可能让你成为一个积极融入生活的人——除非你以一颗宽大博爱、悲天悯人的心，经常不断地提醒自己、提醒别人你的底线和界限在哪里。

"健力"时刻：底线，你好！界限，你好！

你是一个有自我意识的女士（或小伙子），所以我相信当你浏览这一章的时候，你会发现你的左、右和对角的边界被打破了。在本章的"健力"时刻，我将和你分享一个练习，希望它能帮助你修复自己的底线和界限，并大胆地将其讲出来。

说明：请回答以下问题。这些问题将帮助你创建或修复你急需的底线和界限。请将你的底线和界限告诉相关人等。

1. 在生活中你在何种场合下无法亮剑、秀出自己的"健力"？

2. 要亮出自己的"健力"，从容而优雅地展现自己的态度，需要确立（或明确）什么样的底线和界限？

3. 你会把自己的底线和界限告诉哪些人？

4. 如何用"健力"亮明自己的底线和界限？

在此，我将就最后一个问题给一些提示：用陈述句（而非疑问句或反问句）的形式亮明自己的底线和界限；在亮明底线和界限时要有自信（而不是带着歉意）；要明确说明（用设身处地、将心比心的方法）自己将如何捍卫底线和界限。

参考答案

1. 在生活中你在何种场合下无法亮剑、秀出自己的"健力"？【在与客户交流时】

2. 要亮出自己的"健力"，从容而优雅地展现自己的态度，需要确立（或明确）什么样的底线和界限？【我希望客户不要再给我发短信，尤其是在周末时。】

3. 你会把自己的底线和界限告诉哪些人？【告诉我的那10个已交了定金的客户。】

4. 如何用"健力"亮明自己的底线和界限？【亲爱的顾客，名片上有我的电话。周一到周五朝九晚五给我打电话，都没有问题。如果我碰巧不在办公室，也可以打我的手机。如果没有人接，请语音留言或给我发电子邮件。但是，一般我只回家人和朋友的短信。给您带来的不便，敬请谅解，谢谢。】

问题与反思

亮明上述底线和界限（或依照该程序亮明其他底线或界限）让你有何收获？

在交流时不设（或放弃）底线和界限，或事后亮明自己的底线和界限，会让你付出什么代价？

　　"健力"（"健力"与底线、界限相辅相成）在帮助你认识的人设定、亮明和坚守自己的界限和底线中发挥了什么作用？

　　形成设定和坚守底线和界限的习惯后，你对自己的"健力"、精力和对生活及工作的满意度的认知发生了什么变化？

　　有必要再提醒一下，千万不要把亮明底线和界限这个问题复杂化。首先，要坚决抵制走向兔子型人格的倾向。没有必要为表达自己的希望和需求的做法道歉，也无须反复解释自己的底线和界限。无须假装没看到手机，所以没有及时回复客户的短信；更无须故意把手机掉进马桶，好让别人联系不上自己，躲几天清净。其次，不能因为没能及时吓阻别人突破你的底线而让自己的霸王龙型人格抬头。在生活和工作中，即使别人知道你的界限和底线，也需要你给予适当的提醒。你要明确地讲出自己的要求，在别人突破你的底线时，要旗帜鲜明地告诉对方你对他的行为的感受和态度，这样才能终止其行为。你也无须为自己的做法道歉，将自己的重心放在创造更多的机会上面，只有这样才能得到自己想要的。而不是换汤不换药地反复强调自己没有得到什么，从而在不知不觉中失去更多的机会。

　　我很喜欢特蕾西·查普曼的那首《飞驰快车》（*Fast Car*），每周都会哼唱"突然有一种强烈的感觉。我，想要一种不一样的生活，成为自己梦想中的英雄。"从第一次听到这首歌起，我就渴望这样的生活。幸运的是，多少个日日夜夜，我觉得自己就是梦想中那个身披金甲圣衣的英雄。凡是我讲述的故事，我自己必定是故事中的主角。想要的，我就去争取。不想被束缚，我就优雅地拒绝。我希望你，亲爱的读者，也能做到这一点。多年前老师布置的那个作业曾让我因不知如何作答而灰心泄气。多年后，我才知道，那次作业简直是一声振聋发聩的惊雷。它照亮了我的人生的方向——也为其他女性找到了一个温暖的归宿。所以，你当然也要百分之百地清楚，你能够走出自己的内心世界，仰望苍穹，恣意高歌，成为那个更加真实的你，柔弱却脉脉含情，温柔却也炙热似火。

21世纪的世界要远比100多年前苏珊·B.安东尼漫步穿行的纽约州罗彻斯特的街区复杂得多。无论你拥抱了多少"健力"，总会在某年、某月、某个季节的某个瞬间，感到生活仿佛就要把我们的"健力"几乎吞噬殆尽。在下一章，我会和你分享当神秘的微笑消失在无穷无尽的黑暗，当世界露出其狰狞的獠牙时，一个个出现在我生命中的瞬间。苦难的出现并非偶然，它可以成为你成长的助力。只要你敢于坚守，所有的苦难不仅不会削弱，反而会壮大你的"健力"。

CHAPTER 12

第十二章

别让你的努力，毁在羞于表达上

你可以用恶毒、卑鄙的谎言，将我写入历史；你可以将我视为粪土。然而，纵然化为尘埃，我也要飞扬。

——玛娅·安杰洛（Maya Angelou）

我喜欢肚子里有个宝宝的感觉。怀宝宝时，我就像杂志图片上的准妈妈一样漂亮。对，就是那种你指着，说："这女的肯定是修图了吧。肚子都八个月大了，怎么可能还红光满面？"当然，你心里可能也在嘀咕："也许她真的那么开心呢？我到时候也能这样就好了。"

尽管我整个孕期增重了 50 磅，但是我却很享受。肉全长到了肚子上——还有乳房上（一辈子的 A 罩杯竟然也能翻身成为 D 罩杯）。我每天都做深蹲，直到分娩前三天才作罢。孕期大部分时间，我都很享受自己的第二职业——即专心做好自然分娩的准备工作。为了减少分娩和生育过程中的痛苦，斯蒂夫每天都会协助我做催眠分娩练习。我们还尝试了各种精油，播放各类歌曲来做模拟分娩体验。

但是，预产期都过了，我依然没有迎来阵痛，却得到了宝宝在我肚子里呼吸困难的坏消息。我草拟的七页纸的生育方案根本用不上。很快我就进了产房，引产进程开始了。卧床休息，戴上氧气面罩，上促宫颈成熟措施，上催产素，胎膜破裂，羊水破。最后，我还是打了硬膜外麻醉剂，那个我曾发誓打死也不会打的麻药。我极力想避免的一切都纷至沓来。一天半后，女儿平安降生。她很健康，缠绕在脖子上的脐带一拿开，便呱呱大哭起来。女儿被放在我身旁的那一刻，我觉得困难总算是过去了。宝宝，妈咪终于可以和你再次一起做瑜伽了。

这一切虽然都算不上惊喜，但是我却从来没有上过这样的课。

从来到这个世界的第一天开始，女儿就能连续睡3—4个小时的觉，6周后，基本上就能睡整晚的囫囵觉了。但是对我来说，在刚刚当上母亲的90天时间里，我几乎没有哪天能睡上两个小时。出院那天，那个从我19岁就开始陪伴我的猫咪死了——就在我抱着女儿喂奶时，猫咪在痛苦而绝望的惨叫声中走完了它的一生。它走得一点都不安详。也是从那天开始，女儿再也不吃母乳了。我只好用吸奶器把母乳都吸出来。我不停地找哺乳顾问，我一次又一次地患上了乳腺堵塞和感染，我已经变得不再像自己。初为人母的喜悦转瞬间消失得无影无踪，剩下的只有痛楚。猫咪的死给我带来的沮丧、压抑很快变成了愤怒（这和我当初拟定并希望一辈子终生难忘的分娩实在是天壤之别）。
每天早上一睁眼，焦虑便吞噬了我，直到晚上我沉沉睡去。那
实在是一段苦不堪言的经历。我不仅睡不着，还吃不下东西。
在没有帮手的情况下，我甚至无法独自给女儿换尿片，也无法
让我的女儿进出汽车座椅。我担心女儿会生病，担心自己会生
病。终于，我还是病倒了。病好后，我却不敢再出门了，因为
害怕出去后会再病倒。一天晚上，我做了一个噩梦，梦见一群
披着白色床单的男子要抢走我的孩子，他们还拿着尖刀朝我猛
刺过来。我惊醒了，一翻身，摔到了地板上，摔了个狗啃屎。
那一刻我觉得自己恐怕再也站不起来了。孕期的我和产后的我，
这两者之间的落差像一条无法跨越的鸿沟。在深陷产后抑郁症
的整个过程中，我不断跟自己说，"你到底是谁？是特权女士
吗？面对初为人母的困难，你有什么权利哭哭啼啼、大吼大叫？
擦干净鼻涕，好好爱自己的孩子吧！"——以此来鞭策自我。
当所有的情绪平复下来之后，我又问自己："如果身为人母就
能让你完全发不出自己的声音的话，你又怎么将自己的一生献
给帮助他人发出声音的事业？当你自己都已经在困难面前彻底
倒下时，又怎能帮助别人实现突破？"也许你也有这种非此即
彼的两极化感受，当你遇到困难时，或在人生的某个阶段，你
会感到很困惑，"我自己现在都混成了这副鬼样子，还怎敢自
称能为别人_____呢?！"究竟是怎么得上的产后抑郁症（PPD），

我可能永远也搞不清楚原因，我甚至连自己是怎么好的也不能
完全弄明白（在连续饮用天然黄体酮调制的鸡尾酒，并服用抗
抑郁药、安眠药一周后，我终于觉得以前的自己又回来了）。
我坚信，人生中这段艰难为我翻开了"健力"的新篇章。重新
调整之后，我觉得自己有勇气在演讲和生意中冒更大的风险。
经历了失声的痛苦和触礁的人生，我终于挣脱了最后一丝残存
的自我怀疑（既然能从自我怀疑的风暴中幸存，还有什么好怕
的呢？）。我意识到，如果我能在"健力"的道路上更进一步——
放弃那点残存的讨好他人的念头，不再用客户的多寡、收入的
高低来衡量自身价值，不再为了保护别人而对自己的用词和传
递的信息进行自我审查和消毒，我就能取得自己不曾感受，甚
至连想都不敢想的成功，实现自己不曾企及的人生目标。

很快，我就认识到，我对自己的评估是完全正确的。在患
产后抑郁症的四年半时间里，我在生活和工作中都采取了重大
的举措。生活并非诸事顺遂，但同时我也提升了自己的能力，
带着更大的热情和同理心来帮助他们在提高领导力和演讲技能
之路上克服重重困难。而在帮助别人的过程中，我也收获了很
多快乐。

苦难的出现并非偶然，它可以成为你成长的助力

十二三岁时，我还穿着颜色鲜艳的T恤衫，满脸都是青春痘。那时，我被动画片《小美人鱼》（*The Little Mermaid*）里的爱丽儿（Ariel）迷得死去活来。一晃30年都过去了，蓦然回首，才发现爱丽儿算得上是迪士尼电影中最老派的女英雄之一，而她对年轻女性在口头表达发展这方面的破坏性则是毁灭性的。当然，与《睡美人》（*Sleeping-Beauty*）中的奥罗拉（Aurora）公主比起来，她还不算太糟糕。最起码，她不像奥罗拉公主一样，除了睡觉就是臭美——但是她真的也好不到哪儿去。为了和几乎叫不上姓名的纨绔子弟交杯换盏，她竟甘愿牺牲自己动人的歌喉与声音——其干脆利落，简直让在吃意面时还犹豫该喝赤霞珠（Cabernet）还是马尔贝克（Malbec）的我无地自容。尽管我十有八九选的都是赤霞珠，但是，这难道还不能说明问题吗？幸运的是，我从来没有因为哪个哥们儿（感谢上苍，在我风华正茂之年，将斯蒂夫赐给了我）而缄默噤声。即便如此，我依然觉得自己还是不可避免地走上了爱丽儿的老路，只是原因各异罢了。多年来，我一直下意识地、错误地认为发出自己的声音和追求幸福美满的生活这两者是不可得兼的。而无论是思想斗争的结果，还是我最后做出的举动，无不表明我选择了

后者，然而，我却感受不到丝毫幸福。在怀孕期间，我才意识到，所谓不可得兼的鬼话不过是自己编织的一个谎言。为了重新拥抱"健力"，我重新调整了思路和心态，开始再次发出自己的声音。我开创了自己的公司，教别人如何在生活中、工作中和舞台上说出自己真实的想法。我当然也会发出自己的声音，我每天都在讲，这么做让我很快乐，这种快乐是高中毕业舞会上的舞女王都无法想象的。然而，从躺在医院的病床上等着做不想做的剖腹产，到生产后不到三个月从床上面朝下摔到地板上的那段时间，我忽然在某个时刻发现自己开始放弃敢说敢做（和敢于追求幸福）的权利——而这一次，是为了扮演好母亲这个角色。以前我就认为，在经历了头箍式牙齿矫正器和性虐待之后，要重新获得信任和找回自己的声音，这条迂回的道路是艰难的。现在这种母性的东西，正把我从一种从未想过要经历的全新体验中抽离出来。我爱自己的孩子……但是我更喜欢的是孩子在自己肚子里跳动的感觉，而不是出现在我的面前。我也知道，如果万一让身边的人知道我的这种想法，她们绝大部分人都会觉得我简直连畜生都不如。更重要的是，在刚生完孩子的那几天，我压根不知道这种感觉会持续多久，是不是会持续一辈子，我觉得自己就像困在老鼠夹中的老鼠——动弹不得，觉得死期将至，生不如死（幸运的是我现在已经不这么想了）。事后想想，这难道不正是那一个个痛苦瞬间的妙处么？它将我们撕裂，迫使我们不得不重新审视自己——那个我们自以为熟悉得不能再熟悉的自己。苦难的存在自有其意义，对你我来说都是如此。苦难并非上天、世界或是前世注定的命运对你的惩罚或教训，而是冥冥之中的一抹神秘的微笑，是你自己的选择，它用这种慈爱的方式把你唤醒，让你认清自己，让你更坚定、清晰地说出自己想说的话。无论这种挫折是你自作自受的结果，还是像万圣节晚上家里挂彩蛋被人惦记这种无心之失——你都必须具备抗挫能力，而困难和苦难则是你磨炼"健力"腹肌的绝佳机会。所以，请将脑海中激烈而感性的思想斗争转化成现实世界中亲切而卓有成效的沟通和领导能力吧，让我们抓住世界露出獠牙的机会，勇敢接受挑战，大步迈入"健力"的行列。

抓住武装思维模式、心态和技能的机会

我们早已被名流的各种凤凰涅槃的故事湮没。在面临失败和遭受创伤时，他们并没有被打败，而是用失败和创伤砥砺自己，最终取得了不仅属于自己，更属于全人类的史诗般的成就。以奥普拉·温弗瑞（Oprah Winfrey）为例，她在很小的时候就受尽虐待，遭遇性侵，不得不离家出走，出走后发现自己怀了孕，14 岁那年早产，孩子刚出生便夭折了。成为黄金时段新闻主播之初，职业生涯遭受连连打击。J. K. 罗琳（J. K. Rowling）则

是一个单亲妈妈、抑郁症患者、以失业救济金为生的无业人员，直到一家出版社看中了《哈利波特和魔法石》（*Harry Potter and the Sorcerer's Stone*），罗琳才迎来了华丽的转身，成了世界上有史以来作品最畅销的小说家之一。我最喜欢的一个关于毅力的故事是伊隆·马斯克的。虽然你可能知道马斯克的许多成就，包括作为特斯拉的联合创始人和现任首席执行官，但你可能有所不知，马斯克给电动汽车带来的革命性创新绝非一帆风顺。马斯克早年曾被从贝宝支付（PayPal）总裁的位置上踢走。在返回出生地南非度假的途中，他感染疟疾，差点儿一命呜呼。因婴儿猝死综合征（SIDS）他痛失爱子。美国太空探索科技公司（SpaceX）三次火箭发射失败让他几乎破产。随后，他又倾尽毕生的积蓄经营特斯拉，而特斯拉也把他拖到了破产的边缘。我们大多数普通人哪怕只是经历这些先行者所承受的磨难的万分之一，恐怕就会觉得自己这一辈子已经完了。

　　在我的前半生，我承受不了任何压力，也没有任何韧性。上中学时，因为没有争取到在芭蕾舞剧《胡桃夹子》（*The Nutcracker*）中饰演克拉拉（Clara）这个角色，我便从舞蹈学校退学，从此放弃了成为一名职业芭蕾舞演员的梦想。因为我被安排只能演一只小老鼠，一气之下我还放弃了舞蹈学员的全额奖学金。尽管两年后我辗转到了另一所学校，终于还是饰演了克拉拉这个角色，但初中所受的挫折、失望与种种不适让我

无法振作起来。高中开课的第一天，一起参加学校夏令营活动
的一名室友就在我们宿舍抽大麻，我害怕极了，生怕万一自己
被捕，以后就上不了大学了（也不可能竞选任何公职），于是
我给父母打电话，告诉他们我想回家。大一那年，我的老毛病
又犯了——开学典礼后的第二天我就退学了。这一次，我甚至
连大学课堂都没进就退了学。自从第一次啤酒派对后，我就觉
得一切都索然无味。

我曾认为，一个人在被打倒后能否迅速站起来是衡量是否
成功和成长的一个重要指标。现在我才知道，韧性绝不仅仅是
能够忍受种种不适——现在我依然很难做到这一点。（我敢肯
定，如果在产后那 90 天有人告诉我要把我的孩子抱走，我也
会同意的。）那个时期，我曾用自己承受挫折的能力来衡量自
己的韧性，特别是那些意想不到的，我无法适应的挫折。（我
这辈子唯一敢反手给我一巴掌的是一个学龄前女童。不错，就
是我的女儿。据她自己说是不小心打到的。我已经挨过她至少
6 巴掌了——所以，那糟糕的感觉我依然记忆犹新。）

所谓的韧性不是说从此远离自己的子女，也不是被打脸却
假装其实一点儿也不痛。韧性是对刺痛的刻骨铭心的感知，更
重要的是，从中汲取教训（就本案来说，我汲取的教训是，在
孩子跳舞跳疯了的时候，尤其是跳得衣服都蒙住眼睛时，该撤
就撤，千万不要等孩子把你的脸当成了飞来的枕头时，那就后

悔莫及了）。言归正传，当你步入"健力"时，做的越多，意味着风险越大，做的贡献越多，受批评的概率越高，请做好心理准备。但是，在发现自己已经身陷其中，慢慢疗伤的过程中，不躲避、不逃避、不抛弃、不放弃，迎难而上，才是真的"健力"，才会更让人尊敬。

在本章的前半部分，我讲述了自己前几年的经历，虽然我语调轻松，但是，我并不是想让你觉得那些年我过得一帆风顺，没有经历任何让人恶心、不爽、污秽不堪的时刻。只是每个人的体验和感觉不同罢了——这些经历最后都成了深刻影响我人生重大变革的前奏曲。大概在我写本章前一年，我当时正在准备一个线上演讲培训项目，准备将其打造成一个极其成功的活动。所有该做的我都做了，我还在脸书（Facebook）上发起了一个雄心勃勃的广告宣传，生成了数千条关于这项轰动的新线索。我还联系了我们的会员，她们将我所做的工作也向她们的受众做了介绍和推广。我提前一个月设计好了销售页面，准备好了订购邮箱和发货纸箱。如果你看到我准备的箱子，一定会把我当成是病情还没有痊愈的有囤积癖的箱子囤积狂人——箱子、箱子，到处都是箱子——只当是为了洗涤家庭式办公室里的滞气（好吧，您可以尽情翻白眼，其实我也对自己的行为很不屑），我把所有的东西都打了包。我告诉斯蒂夫，"如果这次能够达到或超越销售预期的话，我们就应该做好打算。你的那份工作也别做了，半年后我们俩一起为这份事业努力吧。"

我向你保证，我可真的不是故作姿态，说说而已。我当时确实发自内心地认为，这一次必将是我人生中最成功的项目。我给自己定了一个初期预售目标（在我看来48小时以内最好），如果能够实现，那么……我就完成了整个推销阶段 2/3 的销售目标。其实，购物车结算通道关闭，销售并不算彻底结束（如果你有过销售尾声购物的经验的话，你应该知道，即使报名结束了，你依然可以通过"最后叫卖"的形式来用邮件认购）。即便如此，到最后，我终于还是意识到这一次我是根本不可能接近销售预期的现实，斯蒂夫也不可能来投靠我的事业了。其实，在开售的最初几天，我就已经开始担心，自己吹的这个气球是不是太大了，远远地大于自己的肺活量的极值了。斯蒂夫也意识到，在一年多不用出差后，他将不得不在周一到周五（甚至是周六）再次踏上跨州出差之旅。我多么希望，即使完不成销售目标，哪怕离预期销售目标差那么一点儿，我也能让斯蒂夫和他的老板说"拜拜"，他也能够比我预想的早一点儿和我团聚了——但是，现在，这一切都成了空欢喜一场。

事实上，其实我并不为这段经历难过，现在我就告诉你为什么。首先我放纵自己，让自己连哭了三天。之后，我向上帝倾诉了心中的烦闷和不舍，"这一次我真的是失落极了，错得一塌糊涂，错得和2016年总统大选的各大民调一样离谱。但是，我依然盼着您能给我一些启示。"我是认真的，这样我就把自己从自怨自艾的自我沉醉中揪了出来。我做了一件让人相当不适的，甚至有时完全违背直觉的事。同时，我也邀请你，当世界对你露出獠牙时，和我一起做这件事。

剧透提醒：在发生了这一连串让人失望到极点的事件后不到半年的时间里，我的收入比此前一整年赚到的还多。斯蒂夫也从单位辞了职，开始全身心投入到我的事业中来。我还与一家令人惊叹的出版机构签约，不止签了纸质书合同，还签了有声书协议。就是您正在读（或听）的这本书。

我究竟是怎么做到凤凰涅槃、浴火重生的呢？姐妹们，其实超级简单。虽然并不轻松，但是确实简单。它真正拓展了我的能力，让我不是去尝试化解沮丧，而是去从容应对沮丧。我的做法的第一步是问上帝（或其他人）这样一个问题，一个我反复思考，却不急于确定答案的问题。

您究竟想给我什么启示呢？

我每天都会反复地问自己这个问题。早上闹铃声刚停，我便陷入了沉思。在开车去参加会议、在去百货商店的路上，我也在沉思。在陪女儿看电视时（当时，从周一到周五，老公不在家，我可是一个人带孩子，没有空闲时间全神贯注地思考问题），我还在沉思。一天行将结束，躺在床上，我同样也会陷入沉思。每天，我都在问自己同样的问题，我就像走在寻找下一批货源路上的人，脚步踉跄却坚实。当我察觉到自己在硬憋答案时（这种情况时有发生），我就会转移自己的注意力。我期望冥冥之中自有天意，可以帮助我找到真正的答案——无论用多长的时间，无论答案在何时出现，我都愿意等，愿意找下去。

第二步，我经常给自己讲一些自己曾经的好莱坞式的故事。我相信你也一定有许多此类的壮举——一个能够让好莱坞为你拍出的关于你自己的精彩大片。在我想象这样一部关于自己的影片时，我会直奔主题，想象那最激动人心的时刻。安妮·海瑟薇（Anne Hathaway）（饰演我本人）最落魄的时刻（或许需要打上更好的发胶和防水睫毛膏）。在搞砸了的新品发布会现场，我念旁白，突然海瑟薇哭了，"正是在那一刻，我意识到，作为一个单身母亲，我可以做到的"（我也不知道为什么，我突然觉得自己需要加上这么一句旁白）。

第三步，我会迅速为自己能成功找到各种各样的例证。尽管我的空闲时间很少，老公又在外地。在他不在家的那几个月，我每天会花上一个小时的时间（一般是在哄女儿睡着之后）来思考这本书的提纲，哪怕半夜醒来，我的大脑也会飞快运转，想的都是关于这本书。我的年度目标的第一季度目标就是完成本书的出版计划，第二季度的目标是向出版商推销本书。注意，我的目标并不是找到一个出版社，或签订出书合同。因为那些都不在我的控制能力范围之内，而如果不能按期完成这些目标的话，就会削弱我的"健力"。我设定的目标必须是自己完全能够控制、实现的目标。如果最后能够实现，将极大地鼓舞我的士气。

快速收集我成功的证据是我在产后抑郁症发作时没能做的事情，产后抑郁症像一个恶魔，伸出触角缠绕着我，我就像撞上冰山的泰坦尼克号上的乘客一样——准确来说应该像驾驶室中的某个人一样。对当时的我来说，生存是没有保障的。这时候奢谈成功是没有意义的。在短短数周的时间里，从人生最虚弱的时刻获得成功的惊喜，到被强行从惊喜中剥离，那种感觉，犹如自身存在的价值从万米高空坠入万丈深渊一样真实。不幸的是，当世界露出獠牙，对你的自我存在价值发起猛烈的进攻时，想不对自己产生深深的怨恨、憎恶几乎是不可能的——更别提什么培养信心和力量来凤凰涅槃，来继续前进了。

总而言之，当你觉得某种不可控力在对你进行降维式的打击，仿佛要惩罚你上辈子做过的所有的恶时，你就要拿出自己的韧性，唯其如此，你才能恢复自己的"健力"。我建议你可执行以下"三步走"策略：

1. 问上帝、神明或这个世界（其实你想问谁都可以），让他们给你启示，你需要从中学会什么。在你问这个问题时，切忌急于求成，不要急着找到答案，不要给自己定下截止期限。

2. 运用好莱坞式的旁白策略来引导自己展开自我对话，为自己赋能。

3.最后，提醒自己，你可以通过做成某一件事（在这件事上，你的成功与否的衡量标准应该是你做了什么，所以必须将不可控的外力因素和外界变量考虑在内）来打通通向成功的道路。

我可以照顾好孩子。我一个人就行。

事后想想，导致我产后抑郁的其中一个因素可能是一种自我偏见，认为自己无法应对既要工作又要照看孩子的重任——尤其是在没有配偶全力支持的情况下（当我从丈夫那儿得知，几周后他将不得不每个月出差好几天时，我彻底向产后抑郁下跪投降了）。上帝和这个世界会给我们一个培养思维模式、心态以及相关技能的重要机会，这个机会就是苦难。如果我们没有把握住这个机会，上帝就会再给我们一次机会——而这一次对我们来说时机通常极为不便，我自己的际遇便是一例。

在初为人母那几天，因为给孩子喂不成奶，也不会摆弄折叠婴儿车，更不会用襁褓把孩子包好，我忍不住会大骂自己。事实上以上种种"做母亲的失败经历"的背后掩盖了一个更大的恐惧。不知不觉间，我已经形成了一个观念，我认为我已经不可能再全力以赴做自己的事业了（而我对工作的渴望，与对女儿能顺利自然分娩来到这个世界的渴望其实是一模一样的），而且事业的规模也不可能再像我期望的那样扩大了（扩大规模才能让我继续养家糊口，才能给家人更多财务自由，才能扩大生活轨迹的空间。这些都是我的责任。丈夫的薪水固然不能算少，但是哪怕是他的封顶薪水也无法帮我们实现这三点愿望）。同时我渴望做个在女儿成长的过程中一直伴随她成长、从来不会缺席的母亲，但这个愿望恐怕也实现不了（更何况丈夫每周还要出差几天）。这是所有女性共同面临的问题。但是对我来说，它只是我自己的问题而已。

我并不是说斯蒂夫到外地出差就抛下了我和女儿。虽然经常在外地，但是斯蒂夫依然是一个了不起的丈夫和父亲。在外的日子里，他每天都会打电话回来，周末在家时他都会去百货商店给家里买一大堆东西。周末，他还会临时决定陪女儿一块儿出去玩，给我腾出了很多时间来忙我自己的事情。但即便如此，一边周一到周五要带孩子，一边还要想着如何做大事业，这已经让我忙得焦头烂额了。在斯蒂夫离职加入我们的共同事业前的半年时间里，周末我一个人带孩子已经成为常态。但就是在这样的状态下，我也没有再度陷入产后抑郁的状态，更没有精神崩溃。为了锻造自己的韧性，我认真地实践着以上三个策略，仿佛我的一切身家都寄托在韧性之上（事实也的确如此）。最终我做到了。在那期间，我的业绩实现了前所未有的增长。与此同时，在将自己培养成思想界领军人物的道路上，我也迈过了里程碑。我最终彻底摆脱了产后抑郁症所带来的自惭形秽的枷锁——因为我意识到了，产后抑郁症和人生经历的一个又一个挫折并没有什么不同，它们都不过是我汲取教训或养分的素材而已。我认识到，其实对我来说，这段痛苦的经历是一份丰厚的大礼。而我最大的收获莫过于又找到了和神明对话的感觉。

现在，我已经记不得是哪天早上一觉醒来自己幡然顿悟的，"啊哈，我终于明白了。就将女性所有的原罪统统扔进垃圾桶吧！"（说实话，尽管劫后余生自己明白了产后抑郁是神明的有意安排，是为了让我过得更好，但我还是不确定导致产后抑郁症的真正原因。）通过冥思苦想——做饭时想，上厕所也在想，我的自我意识变得越来越清晰，那感觉，仿佛是有人在对我低声耳语，又如由内而外的温柔的痒痒。当我扫清了为自己设置的路障，放手那些自己无法控制的外力作用，集中力量来强健自己的"健力"，刻苦实践以上三种策略时，企业的现金流终于可以支撑斯蒂夫离职，来我们企业做首席运营官（COO），我也终于敢于说出那些让我不适的经历。斯蒂夫全职加入我们的事业时，我已经做好了各种充足的准备。因为，为了让我们共同的生活和工作变得更有"健力"（绝不是对"我一个人真的承受不来"的创伤的缝补弥合而已），我不仅已经伤痕累累地爬了起来，而且做了大量的拓展性工作。

露出世界送给你的独特礼物

所谓"韧性"有两种定义，指的是"迅速从灾难中恢复的能力"以及"材质或物体迅速恢复原状的能力"。从我的自身经历和客户的经历来看，即使你并不能"快速恢复"，你也同样可以很有韧性——事实上，从"健力"的角度来理解，我更倾向于用能否在困难中跌倒再爬起来并越挫越勇，而不是用以自己的常规能力是否能快速解决困难来作为衡量是否成功的标准。所以，我更喜欢第二种定义。你更喜欢哪一个呢？然而，我并不认为困难时期是一个固有的跳板，必然能激发你所有的能量。当然，困难时期为我们提供了一个能够培养我们韧性的机会——机会当然也属于你。

这也是为什么在世界露出獠牙时要抓住机会，因为它是迈入"健力"的便捷通道。因为，选择"健力"便是选择勇敢，选择站出来，选择发出自己的声音，选择打破现状。我认为你需要世界露出獠牙的时刻，因为它能让你在平淡无奇的日子里习惯性地（至少是更经常性地）选择"健力"。这句话绝对是经得起检验的，因此要言不烦，我愿意再强调一遍。你需要世界露出獠牙的时刻来让自己的"健力"绽放夺目的异彩。当你在人生的一个个瞬间选择"健力"时，你就会收到以下特殊的礼物。

创造力

韧性可以增强你的"健力"，韧性有很多表现形式，其中一种常见的方式是通过挖掘你的创造力来完成的。因为，以前在类似的时刻曾帮你渡过难关的那些方法往往并不能解决你现在的问题。所以，毫无疑问，新情况的出现，是让你为你的成长做的准备。在世界露出獠牙时，选择应对复杂局面，找到正确方法的过程就是一个创新的过程。用一种全新的或截然不同的方法解决危机是创造力的体现。乍一看缺乏资源，却能将各种资源进行整合也是一种创造力。把自己的经历看成学习和成长的机会，而非简单的成败，也是在培养自己的创造力。

共情

选择了韧性，就是选择了"健力"，你的共情能力自然而然就会得到提升。共情会让你在人际沟通方面如虎添翼，它既能让人觉得你是一个值得相处、值得信赖的人，同时能给人力量，帮助我们走出痛苦，做最好的自己。每次读到参与我们培训项目的学员在给我的感谢信和推荐信中称赞我善于发现，与她们感同身受、一起经历风雨时，我都心存感激。

如果你就是一个心理治疗师，我的经历可能让你心里直发怵。但是请相信我，我现在已经不再把别人的事当成自己的事了——至少我现在已经不再这样做了（好吧，其实偶尔我依然会故态萌生，不过比过去已经少多了）。因为，经历了世界露出獠牙的一个个瞬间，我们就更能够理解他人所受的痛苦，也就更能够给她们更多的空间来应对她们遇到的问题。

交心

有的人会对世界露出獠牙的经历闭口不谈，不幸的是，这种做法给被獠牙伤到的人带来的往往只有无法言说的秘密和更多的痛苦。但是，要走上"健力"道路，就需要你借助自己的挫折（无论其程度如何）来提高自己讲真话的勇气——不只要讲给自己，也要讲给他人，无论是生活中还是工作中遇到的人。诚实地面对自己是在何时何地如何受挫的（尤其是当你没有事先和别人约定好时间，却又需要别人倾听你的遭遇时），这样做就是在培养自己交心的能力。承认自己的不完美，承认自己没有哪一点是完美的，你就能避免完美主义的负面干扰——如果希望自己的"健力"开花结果，我们就必须砍掉对完美主义的执着。

接纳

大大方方地承认自己不会独自面对困难，你就等于打开了一扇门，开始接纳别人的帮助——很多女性（包括打出这段文字的作者）都很难做到这一点。

很多女性都会抱怨，没有人关心我们，但是事实上，大部分女性很少在需要帮助时向别人求助。其结果是，没有太多的人会主动帮助我们，因为即使是有人愿意帮助，我们也未必会接受。（还记得上一章我们讨论的明确讲出并坚持自己的底线和界限吗）？世界露出獠牙时并不会自动提升我们寻求和接纳他人帮助的能力，无论他是我们的配偶、子女、大家庭成员、朋友、同事还是社群成员。但是，当你试着去问，"我究竟该学到些什么？"时，你已经在提升自己接纳神圣的启示的能力了。在我看来，这正是我们在生活中所能收到的最好的礼物。

自我意识的觉醒

自我觉醒是指认识真实的自己的能力——自己的好、不好和困惑迷茫。真正认清自己之后，你就不会再指责自己的不是。

相反，你会客观地观察和欣赏自己目前的状态。当然，韧性也可以做到这一点。因为，韧性的内核和宽恕一样，它能够让你平心静气地面对自己，而不是对自己、别人或形势抱有不切实际的幻想。作为韧性的副产品，自我意识能够将你的"健力"完全释放出来。因为，学会知足，学会和真实的自己对话、和真实的他者对话，你的交流会更透彻、更轻松，也更有悲天悯人的宽阔胸襟。

多年来，我发现自己关于如何度过艰难时刻的重要认识和发现都来自我的客户——他们，最主要的是她们，之所以找到我，是希望能将自己令人心碎的经历变成催人泪下的主题演讲或鼓舞人心的谈话。我会经常遇到痛失孩子或伴侣的女性，或曾经遭遇难以启齿的虐待（尤其是被最亲近的人虐待）。对于这些女性来说，她们的很大一部分韧性源自她们认识到自己必须活下去，才能告诉人们她们都经历了什么，或从中学到了什么。我认为你或许也有同样的发现——在艰难中活下来，你会给别人更多的鼓舞、灵感，能抚平更多人的创伤。

"健力"时刻：分享你的故事，改变他人的人生

读到此处，你肯定已经回顾了自己所经历的世界露出獠牙的时刻。你应该也从自己以前所承受的煎熬深处吸取了一些教

训。你甚至会问自己,"如何才能把我自己的经历服务于别人?"本次"'健力'时刻"练习并未像前几章一样列出分步指南——而是邀请你思考"问题与反思"中的问题,让这些问题指引你去发现你曾经经历的那一个个世界露出獠牙的时刻会给别人带来怎样的启示。

问题与反思

从一个个世界露出獠牙的时刻你学到了什么值得警醒的教训?(建议:若发掘教训有难度,可回顾一下第一章,用回忆来复习"'健力'时刻:5R 法则"部分。)

将自己的经历分享给你生命里遇到的某个人,或者作为嘉宾和听众分享自己的经历,这样做对增强"健力",提升自己的服务意识、能力以及思想领导水平有何作用?

讲述自己所经历的世界露出獠牙的时刻,听众——无论是普通人还是社群成员,抑或是某个机构的成员可以从中学到什么?

在最后一章,我们将探讨如何借助"健力"武装你的思维模式、心态和各种技能,并运用这些装备,讲好你的重要的人生经历,或者就你认为的重要问题发表自己的见解——从而实现对自己的工作、生活和社群的改造。水过留痕,雁过留声。

无论你是否意识到了这一点，你都会给自己生活的家庭、工作
单位、社群留下一笔或好或糟的财富。我也会给你提供机会来
让你思考能为这个世界留下什么。既然必然会留下点什么，那
么让我们一道探讨如何确保通过你的一言一行，通过和什么朋
友相处，通过支持什么人、倡议什么主张，来为这个社会留下
一点你希望留下的财富。

CHAPTER 13

第十三章

实现对工作、生活和社群的改造

我有一个梦想，每个人都能把自己的利益和其他人的利益拧成一股绳，无论那个人他曾经谋面与否；我有一个梦想，所有人能将此视作一个机遇，连接不同文化，连接整个世界。

——马约拉·卡特（Majora Carter）

倘若你在我小升初时问我，"小历，长大后你打算做什么呀？"我很可能会告诉你："我要当个芭蕾舞演员。"然后，我就不再说话，害羞地低下头，盯着脚上的马丁斯博士靴（Doc Martens），脑海中开始畅想自己早就规划好了的完整职业轨迹。

芭蕾舞演员当够了之后，我想当航天员。等年纪大了，做不了航天员了，我要办一所女校。女校办好后，我打算写自传，并接受拉里·金（Larry King）的专访。好莱坞还会专门为我拍一部电影。在这部电影中，我会出演自己。故事当然会催人泪下，我肯定要拿奥斯卡最佳女主角奖。然后，我会竞选公职，应该是选总统吧。等人生走进暮年，我就做慈善，帮助那些曾经遭受过性侵的女孩，我的那些大名鼎鼎的好哥们、好姐妹当然都会来给我捧场。

幸运的是，由于我是个很容易动情的人，所以还不至于被人扣上自恋狂的帽子。研究生毕业后，我再也不能用分数来证明自己了。从那时起，我才开始真正放弃成为别人眼中的大人物的想法。当然，我还做不到对别人的赞美不屑一顾，因为我内心还是渴望别人的赞美。但是，我现在已经明白，驱使自己希望获得关注度的欲望的东西，和驱使芸芸众生的欲望的，其实并没有本质区别。这种欲望并非一无是处。随着地位的提升，影响力当然也会提升。但是，激励我们畅所欲言、促使我们解决自己面临的迫切问题、确保我们能够为社会留下一笔引以为豪的遗产的，并非社交媒体上数百万的粉丝，也不是在与同龄人竞争中斩获的亮闪闪的奖杯。真正的影响力取决于你为什么人服务，你推动的是什么样的变革。那种认为自己有无数的粉丝和追随者就能成为变革的推动者的想法，实属无稽。每当有客户向我抱怨自己入不敷出，或者自己的生意门可罗雀，抑或自己没有媒体曝光度时，我都能从他们的抱怨中看到其所中追名逐利之毒之深。在不知不觉中，他们把自己限定在某个行业的内部，从而忽视了更重要的工作，也放弃了他们本来想创造的影响力。

我曾有幸辅导过很多领域的领军人物，他们利用自己的权力来解决不公正问题，并积极影响人们的生活。无论是领导公

司还是社交活动，这些人中没有一个人曾经分享过他对荣誉的
渴望促使他采取行动。为了服务于他所关心的人民，并实现持
久的变革，每个人都大声疾呼，发挥领导作用。他的热情感染
了所有人，使得他的观众比他想象的要多得多。更多原本不相
信其主张的人也改变了看法开始支持他们——当然，他们的薪
水和头衔，自然也就水涨船高了。

讲真话也是一种贡献

很多书都在教导聪明而奋发有为的女性应该如何"积极地
参与生活"。每当读到这样的书，我都会忍不住窃笑。因为
你知道自己在乎的是什么，知道自己会因何心碎（或敞开心
扉），也知道自己会遇上什么——因为，它会不停地提醒你，
让你抓紧时间行动。无论牵动你心弦的是什么，是虐童、种族
歧视、种族灭绝、枪支泛滥、难民流离失所，还是饮用水中的
有毒有害物质，抑或是毒品泛滥、心理疾患，想一想，从现在
开始，你要做些什么？第一步要怎么走？如果你是个企业主，
你可以把部分收入捐给慈善团体。你也可以发出自己的声音，
支持社群正在开展的工作，你可以去报名参加当地正举办的一
场演讲活动，分享自己的人生经历。或许有个明明是带有歧视
和偏见的人，却常常伪装公正，当他说"他们这种人"而露出

马脚时，你也可以指出他的问题。记住，不要把简单问题复杂化，但是与此同时，也不要成为维持不合理现状的帮凶。本书的创作目的，不是为了让你仅仅是出于利己而选择"健力"。对不起，或许你不爱听，但是这就是我的观点，绝不妥协（#SorryNotSorry#）。本书的目的是希望你能利用自己的声音和影响力，去支持那些需要你的支持的事务和事业。

一旦你决定把心里话讲出来（并将其付诸行动）——无论你是通过对话聊天，还是拉近同事关系，抑或是通过写博客、接受媒体采访，你都要想一想怎么才能让更多的人帮助你实现你的愿景。回顾我的人生的前 20 年，我认识到自己当时是如何醉心于名誉（与此同时却打死也不愿发出自己的声音，生怕在众人面前出尽洋相），至少在我狭隘的思维中，坚定地追逐各种奖项和头衔，坚定地认为卓越的领导人物必然是那些能够开创伟大事业的人。而我也终于认识到这种思想的毒害，事实上，伟大的领导应该是那些推动伟大事业的人。而要推动任何事业的进步，我们必须赢得更多人的支持。

现在，我终于明白了自己的不安全感和目光短浅的根源，明白了自己为什么想做一头独狼，想靠一己之力创造自己想要的事业。当你看到领导层里女性寥寥，你就会下意识地想要成为镁光灯下的焦点人物，于是就与其他女性拼个你死我活。这也很好地解释了为什么当某个女性犯了错，滥用了职权，或没有支持其他女性时，抢在前面想把她拉下马的，往往不是男性，而是女性。你难道没有注意到吗，有多少男性会对同胞下这么狠的狠手？少之又少。看到别人开银行、开公司、赢大奖、发明一些乱七八糟的小玩意儿等等，男性很少会觉得别人抢了自己的机会，占了自己的位置，断了自己的成功之路，从此以后自己的人生就会黯淡无光。他们不会因为别人而惩罚自己，让自己变成一个刻薄寡恩之人。恰恰相反，很多男性会从他人的成功中得到鼓舞。他们相信，所有人都会有机会走到台前，彰显自己。而我们女性呢？当我们看到其他姐妹勇敢地迈出步伐时，我们当然也应该伸出援手——帮助她们，资助她们，为她们取得的成绩鼓掌叫好。我们应该相信，并告诉自己，"她可以做到的，我也可以做到！"如果我们确实发现位置已经被占完，或者我们不喜欢某个圈子的文化，我们完全可以自己开一桌——然后邀请那些和我们价值观相近的女性（当然也包括男性）加入我们的圈子。

拥抱"健力"的核心要义在于发出自己的声音，让世界听见我们的呐喊。其另一个要义是知进退，知道什么时候该站出来，什么时候该让步，什么时候该倾听，什么时候该发问，什么时候该表达自己的观点，什么时候该替那些没有机会发声的女性（和男性）发声——唯其如此，你才能通过自己的言行带来积极、持续的改变。这个世界需要更多的女性领导人，而我希望成为她们中的一员。如果你只是想成为一个有名无实的台前人物——例如首席执行官、执行董事或民选领导，认真思考一下你这么做的动机是什么。如果仅仅为名，而不是为了对社会有所贡献，那么，请自我纠正。然后，重新踏上领导的子弹头列车，关注你所寻求的影响，确保你能让其他人为自己说话，而不是为成名而发声。

领导艺术当然可以用来开创新局，也可以用于让你的声音、时间和经历来帮助他人扩大倡议的影响力。我一直资助那些愿意参与（而不是发起）新的公司、社会团体来拓展其影响力。所谓的领导力也可以是指以当下为起点，为某项事业的进步搭桥铺路，然后将自己的理念、项目或事业托付给他人，由他将这项事业推进到一个新的高度。从"健力"出发，力求拓展自己的事业的影响力甚至是力求将这项事业推向社会，被更多的人接受。

在接受《纽约时报》（New York Times）的采访时，社会活动家塔拉娜·伯克（Tarana Burke）在被问及如何看待自己率先发起的"我也是受害者"（Me Too）运动被用于推动性侵者参与的"我也是受害者运动"（Me Too movement）——而后者在发起之初和塔拉娜·伯克并无关联。早在2006年，塔拉娜·伯克这个并不为美国人所熟知的美国黑人女性就使用了"我也是受害者"这个当时还寂寂无名的词，用它来指代那些生活在种族多元化社区，受性虐待、羞辱、剥削和困扰而求助无门的幸存者。当"我也是"一词脱离了其原创者伯克，在运动初期和伯克割裂之时，伯克当然有充分的理由表达自己的沮丧和愤怒，但是她并没有这么做。我很喜欢伯克在那次采访中的回应，她的回应完美地诠释了一个真正领袖应该以扩大事业的影响力为重。她说："将'我也是（受害者）'一词的版权归为己有是一种自私自利的行为……这个词远比我自己更重要……它应该属于所有幸存者。"

戴安娜·西蒙是另一个不计私利，引领事业走向成功的女性典范。西蒙是得克萨斯州沃斯堡（Fort Worth, Texas）的一名按摩师。1996 年，与沃斯堡毗邻的阿灵顿（Arlington）的 9 岁女孩安珀·海格曼（Amber Hagerman）遭人绑架，被发现时已经死亡——而尸体距离其失踪的地方仅有 5 英里之遥。这件事对西蒙打击很大。看到媒体铺天盖地的报道，西蒙不禁想，能不能在儿童失踪时发布社区警报，以争取全社会共同努力，在孩子失踪的第一时间将孩子平安地找回来。但是西蒙对这样的警报系统全无概念，也不知道该如何发布警报，所以她就打电话给当地的达拉斯沃斯堡广播电台（Dallas–Fort Worth radio station），表达了自己的想法。不到一年的时间，在当地 7 家（说法存疑，有争议）电台的经理共同努力下，在西蒙的想法的基础上，建立了当地首个广播警报系统。今天美国失踪人口广播应急响应系统（America's Missing: Broadcast Emergency Response），即安珀报警系统（AMBER Alert）成了各大媒体共享的警报发布平台。

在过去的 20 年，类似的警报系统已经传播到世界各地。西蒙和我曾一起参加过一个 TEDx 女性专场。她在演讲中透露，安珀报警系统已经帮助 881 个（数字仍在不断增加）被绑架的孩子重新回到家庭的怀抱。戴安娜·西蒙这个名字或许不可能做到家喻户晓，但是她对世界的影响——她留给这个世界的遗产必将名垂青史。

通过发出自己的声音，迈入"健力"的行列，创造持久的影响的方式其实很多。你是否也曾花时间认真地思考过这个问题，我能给这个世界留下什么财富？一旦你明确了要给自己的公司、家庭、社群留下什么财富，你就会知道该朝哪个方向努力，也会更有意识地表达自己的看法和立场。我曾错误地认为，只有那些历史教材里的伟人，以及那些能够给自己的基金会和家人留下巨大财富的人才配得上给这个世界和社会留下财富。当然，财富与名誉有助于帮助你改变这个世界——只要你目标明确，并采取行动。作为一个关心此事的公民，你可以在当地大声疾呼。你也可以向你的工作、你的事业和对你来说最重要的人展示自己，用你的声音为你自己、他人和未来几代人打造你想要的未来。

"健力"时刻：愿景畅想，我能给世界留下点什么

说明：请在合适的时间、安静的地点，以平静的心态，全神贯注做以下愿景练习。如果已经具备上述条件，请阅读以下文本。

想象自己即将退休，一群同龄人要表彰你为社会做出的杰出贡献。此刻，你正坐在剧场、礼堂或体育馆的前排，场面恢宏，舞台璀璨。所有的人都是为你而来，庆祝你的丰功伟绩。

在为你颁奖前，一直帮助你的一个导师即将登台，向全场介绍你取得的伟大成就。你听到他对你的介绍了吗？他正在向现场所有人介绍你的生平、你的工作，以及给社会带来的变化。不必着急，静下心来，好好品味他对你的评价，把这些话印在脑海里，印在你的灵魂深处。

好，时光机轮转，回到你在这个愿景中所处的位置，回到你职业生涯的半程。请思考以下问题。

我是如何步入"健力"行列的？我为哪些人，哪些项目，哪些我热爱的事业贡献了自己的声音、时间、精力，投入了所有的资源？既然把留下一笔丰厚的遗产作为自己毕生的目标，那么为了达到这一目标，我应该做一些什么样的铺垫？

好，时光机再次轮转，时间定格在五年后的今天。请思考

以下问题。

这些问题和上面的一模一样。我是如何步入"健力"行列的？我为哪些人，哪些项目，哪些我热爱的事业贡献了自己的声音、时间、精力，投入了所有的资源？既然把留下一笔丰厚的遗产作为自己毕生的目标，那么为了达到这一目标，我应该做一些什么样的铺垫？

好，时光机第三次轮转，时间定格在一年后的今天。请思考以下问题。

这些问题也和上面的一模一样。我是如何步入"健力"行列的？我为哪些人，哪些项目，哪些我热爱的事业贡献了自己的声音、时间、精力，投入了所有的资源？既然把留下一笔丰厚的遗产作为自己毕生的目标，那么为了达到这一目标，我应该做一些什么样的铺垫？

好，时光机第四次，也是最后一次轮转，时间定格在三个月后。请思考以下问题：我是如何步入"健力"行列的？我为哪些人、哪些项目、哪些自己热爱的事业，贡献了自己的声音、时间、精力，投入了所有的资源？要实现给世界留下一笔丰厚的遗产这个毕生的目标，需要打下什么样的基础？如何利用从本书中学到的知识来夯实（或拓展）这个基础？

现在，请闭上双眼，用几分钟的时间，回忆一下这三个月、一年、五年、职业生涯的半程，以及即将退休时，你看到的自己。

想一想，如果要给世界留下这么一笔丰厚的财富，你需要具备什么样的思想，采取什么样的行动，养成什么样的习惯，如何在大大小小的事情上拥抱何种"健力"。

问题与反思

想象一个愿景，"自己能够给这个世界留下什么财富"（请务必将这些财富记在笔记本上）。

如果要把上述愿景变成现实，你需要放弃（以及坚守）什么？

你最想和哪三个人分享自己的愿景？

读完本书，为了将"健力"付诸实践，你最想迈出的第一步是什么？

在本书的 13 个章节中，我为你提供了我的一些经历、故事、例证，来帮助你唤醒你的"健力"，来降低你对自己的怀疑，让"健力"成为你的生活常态，每天为自己所说的话、所定的目标进行带妆彩排。我鼓励你，请举起你的手，施展你的领导力，或主持会议，或发表演讲，甚至你还可以竞选公职。请不要再因为顾虑自己的话会产生什么后果而瞻前顾后。请相信你可以找回自己的声音，并维护自己的信仰和价值，把自己从痛苦中解放出来，不再因小失大，畏首畏尾，不再在说话时虚虚实实、半真半假或只说出部分真相。你的同事、客户、家人以及朋友受到你的鼓舞，以你为榜样。

你期望给世界留下遗产的愿景当然不会是黄粱一梦，它不是一种可能，而是一种说不定哪一天会实现的东西。你现在正在做的事，你现在向更好的自己的努力，都是你给社会留下的遗产。你有责任专门拿出时间来把愿景变为现实。无论你现在是一个什么样的人，出于什么状况——无论你是怯懦还是厚脸皮，无论你是想尽办法想出名还是当成名的机会摆在你的面前却不敢抓住机会——你都需要把负面的记忆、退缩的举止以及自暴自弃的想法丢在脑后。你的家庭出身、教育背景、职业状况和乱作一团的现状其实都不能完全界定你，决定你是个什么样的人。事实上，你每天的一言一行才是你自己，都是你为创造明天的历史的打拼记录。

我第一次去酒吧是从大学退学回到家的一周后，当时我还不到喝酒的法定年龄。在那12个小时中，我所犯下的错比大部分人一辈子犯的错都要多。我先是告诉母亲我要去一个我在工作中认识的朋友家住一晚。其实也不算完全说谎。只不过我去的并不是那个叫阿什利（Ashley）的工友的家，而是去了另一个叫伊吉（Iggy）的工友家。在去伊吉家的路上，我的车被另一名工友莱恩（Ryan）的车追尾了。在派对上，莱恩向我表白，我只好骗他说我是同性恋。我喝了几杯啤酒（对于一个不到20

岁的从未喝过酒的人来说，啤酒真的很难喝，况且我当时还在服用抗抑郁药物）。那天晚上大部分时间，我都和伊吉的好友，长得很像本·阿弗莱克（Ben Affleck）的那位打得火热，我相信第二天早上我能跟伊吉说清楚事情的来龙去脉。那天晚上我又做了一箩筐的荒谬举动，譬如拿一块完整的苹果派蘸着冰激凌吃，再比如光着脚在吃苹果派的那个餐厅跑来跑去。这已经足以说明我那天办的糊涂事了吧。但是，你以为这就完了吗？

第二天一觉醒来，我发现自己是在伊吉家，我知道出大事了——我的脚上都是泥，好像刚野餐回来，嘴里哈出的气一股馊牛奶味混合着橡皮糖味，酒上头后看什么都像面对着哈哈镜。酒醒之后，我吓了一跳，伊吉的好友（他倒在另一个沙发上，依然不省人事）哪里长得都和本·阿弗莱克不一样，简直是云泥之别。纵然如此，我还是安慰自己（我也相信自己）："小历，昨天的精神错乱已经过去。你不是那样的人，你是个好女孩，是要成就一番大事儿的，绝对不能浪费了自己的潜能，以后也绝不能这么随意对待别人的感情和感受。"

醉宿之后的誓言我做到了。尽管在大学，甚至大学毕业很久之后，我通向"健力"的道路并非一帆风顺，我再也没有像那次那样荒唐地对待自己和其他人。我坚信自己一定可以有一番作为，并且身体力行——从总体上说，我达到了自己和别人对我的期望，并且做得更好。

　　在我的职业生涯中，我遇到过不止一个担任首席执行官（CEO）的少女妈妈，遇到过曾经无家可归的社群领袖，也遇到过很多历经坎坷的励志讲座的演讲者，她们或曾被性虐，或曾遭受暴力，抑或曾被人拐卖，而加害者有的竟是她们的家人。这样的例子不胜枚举。然而，尽管她们身处各种糟糕的环境，这些平凡却倔强的女性（也有部分男性）却勇敢地选择了"健力"，哪怕"健力"也无能为力时，她们依然没有放弃。她们选择成为自己生活的主宰，因为，她们要向那些束缚、牵制她们的人，同时也向她们自己证明，我本不平凡！朝哪个方向努力，你就会成为什么样的人，就会取得什么样的成就。你的所有想法，你的所作所为，你给自己许诺的梦想对你来说都不是海市蜃楼——这所有的一切都和你如何与自己沟通，尤其是如何与外界沟通息息相关。

　　所以，我恳请你，和自己签订一份拥抱"健力"的协议——哪怕你脑海里全都是反对的声音，哪怕你满腹怨气。因为你的生活取决于你何时拥抱"健力"。你的生活质量确实有赖于"健力"，拥抱了"健力"，你就不会再紧张，一切就都会好起来，事业会更容易，未来会更美好。当然，刚开始时，通向"健力"的道路上肯定有减速带。你的人际关系和自身处境会时不时乱作一团。以莱恩为例，我曾经多次向他道歉，他却再也不理我了，我也可以理解他的做法。但是，长远来看，选择了"健力"，你才能更从容、更有活力，才能更深入地了解自己和他人。

　　你能否想象这样一个世界，所有女性，无论长幼，无论来自哪个国家、民族、阶层，无论是何种性别认同、性取向定位，也无论其本身能力如何，都能够大大方方地走进任何房间，站上任何舞台，讲出自己想说的话。想象一下，想要的，你都敢去争取；不想要的，你都敢勇敢说不——不就是不，不用讨价还价。想象一下，如果有人胆敢失礼，踩到了你的红线，或者滥用其手中的职权，你可以勇敢地抗议，然后宽大为怀，原谅其失礼。想象一下，不再轻易地指责（自己和别人），不再纠结眼前的得失，而是选择善用自己的影响力。如此，我们就给这个世界带来了意义深远的长久变革。

　　让我们一起努力，把这个愿景变成现实——从一个想法、一词一句、一篇演讲、一次协商和一次呼吁开始！

　　咦？麦克风掉啦！

　　哈哈，开玩笑啦。

　　亲爱的读者，请务必谨记，绝不能弄丢了麦克风，失去自己的话语权。

致　谢

写本书的过程，比喝一杯金色的印度茶拿铁（又称"印度拉茶"或"香料印度茶"）更沁人心脾。对于我来说，写作的过程就像是在和读者聊天。说真的，从坐下开始写出版规划的那一刻开始，一直到写最后一章的结束语，创作《有话直说》是我在职业生涯过程中，最开心的、完全凭借着直觉让所有的目标都一一实现的努力之一。我这么说并不是想说写作是件轻松的事，也不是说文学女神对我有多么垂青，也不是想招来写作道路上辛苦跋涉的人的白眼或打脸。相反，我迫不及待地想承认，不用为了写作而写作，而是能够在自己感兴趣的领域开展创作、发表自己的意见，以及从事培训辅导是多么幸运的一件事。谢谢你，亲爱的读者，谢谢你读到我的文字，谢谢你选择迈入"健力"，让我能为这个世界留下点儿有意义的东西。

亲爱的各位客户，特别是参加"镁光灯项目"（Spotlight programs）和"影响力学院"（Influencer Academy）的女性及个别男性学员——谢谢你们勇敢地站了出来，谢谢你们对彼此的鼓励，谢谢你们对我的信任，选择我做你们的导师。谢谢你们每一位，你们每天都在提醒我，只有自己迈入了"健力"，才能激励他人效仿同行。

尤其要感谢我的图书代理斯蒂夫·哈里斯。谢谢你告诉我，"这本书我要了！"谢谢你对我所有的问题知无不言、言无不尽（我也知道，我的问题太多了），谢谢你对我本人和对本书一直以来的支持和推介。

谢谢新世界图书馆出版社的全体同仁，没有你们的细心呵护，本书《有话直说》就不可能茁壮成长。谢谢马克·艾伦（Marc Allen），购买了本书的版权。谢谢本书的编辑乔治娅·休斯（Georgia Hughes），启迪了我的思路，给了我充分的创作自由，让我写出了这本我想写出的书。谢谢文字编辑咪咪·库什（Mimi Kusch），谢谢你同意我保留了90%以上的笑话，谢谢你在纠正本书的语法问题的同时，保留了作者的文风。谢谢金·科尔宾（Kim Corbin），你用自己的"健力"为本书打开了市场。特别要感谢我的男闺蜜科琳·祖普科（Corinne Zupko），谢谢你在我创作的全程给予我的指导，谢谢你分享的各种注意事项，谢谢你在我废寝忘食之际提醒我要多注意休息。

谢谢我的"女作家策划人团队"（Lady Authors Mastermind）成员（是的，我还是喜欢沿用我们团队的原名），谢谢你们在我深陷产后抑郁症时邀请我参加你们的聚会，谢谢你们让我知道做好"创业者兼演讲者兼作家兼母亲"这样的角色对任何一个人来说都不是一件简单的事，谢谢你们帮我跳出思维的窠臼，让我从一个全新的角度来审视本书。谢谢你们的反馈意见、高度的认可和推介，谢谢你们，哈蕾莉·阿苏雷（Halelly Azulay），艾米莉·本宁顿（Emily Bennington），亚历山德拉·莱维特（Alexandra Levit）和乔迪·格里克曼（Jodi Glickman），我会永远感谢你们。

谢谢108工作室（The 108）和征服俱乐部（Conquer Club）的全体成员，谢谢你们在我人生最重要的岁月陪伴在我的左右，给我鼓励、灵感、反馈，勇敢地告诉了我一些真相。

维多利亚·斯科维尔（Victoriya Scovel），谢谢你在本书的创作和编辑的过程中陪我走完了最后一里路，谢谢你在听到我讲笑话时开怀大笑，谢谢你在我最需要你的智慧和鼓励时，总是能及时给我发来短信。

杰西卡·汤姆林森（Jessica Tomlinson），谢谢你从一开始就对"健力"运动（Moxie Movement）的信任，谢谢你多年来的友谊。谢谢你陪伴我走过风风雨雨，纵然我们都不希望再提起我在得了喉炎那一段时期你们陪我一起做出的疯狂举动，我一样表示感谢。

感谢我的母校，森林岭圣心学院（Forest Ridge School of the Sacred Heart），谢谢你让我一步步意识到，即便是一个备受上天恩宠、享有各种荣誉的人也要承担起自己的责任，让我知道，女性同样可以改变世界。谢谢 1998 届所有的同学——要是我们当时能知道在未来 20 年的时间里，我们能做得更好，那么当时的我们会更努力。

谢谢我的老师、导师以及教练们，特别是吉利·巴托洛梅（Jille Bartolome）、加布里埃尔·伯恩斯坦（Gabrielle Bernstein）、洛里·利普曼·布朗（Lori Lipman Brown）、凯·坎农（Kay Cannon）、乔纳森·菲尔兹（Jonathan Fields）、米塔琳·弗莱彻（Mitalene Fletcher）、纳塔莉·露西尔（Nathalie Lussier）、娜塔莉·麦克尼尔（Natalie MacNeil）、谢丽尔·拉德洛夫（Cheryl Radeloff）、帕梅拉·斯利姆（Pamela Slim）、乔恩·斯坦卡托（Jon Stancato）、克里斯·文（Chris Vine）、蕾妮·韦斯特（Renée West）和海伦·怀特（Helen White）——无论你们在我的人生中只是短暂地出现了一学期还是让我终生难忘。你们每个人都造就了现在的我，让我成为这样一个你们不曾想到的集演讲者、作家、培训师和思想界的先锋为一身的人。

布列塔尼·贝切尔（Brittany Becher）、斯蒂芬妮·弗兰克（Stefanie Frank）、利萨·格里尔（Lysa Greer）、雪儿·黑尔（Cher Hale）、安吉拉·斯托纳（Angela Stoner）、迈克尔·维托内（Michael Vitone）和朱莉·沃特豪斯（Julie Waterhouse）

等等，来，让我好好抱抱，亲亲。如果没有你们在幕后的努力和帮助，没有你们对"健力"运动倾注的热忱（和帮助），我就不可能有能力写出现在这本书。

感谢我的家人——谢谢母亲、父亲、小姨伊莱恩（Aunt Elaine）和艾伦（Allen）——谢谢你们给予我的无私的爱和持续的帮助和支持。谢谢我的小乖乖库克拉（Koukla），谢谢你让我重新对自己来到这个世界的目的燃起了热情，谢谢你骄傲地发出自己的声音、讲出自己的看法（哪怕是妈咪告诉你该睡觉了，你也依然有自己的看法），谢谢你给我的生命带来的厚重与意义。

最后，谢谢我工作和生活中的伴侣，斯蒂夫·奥利维拉（Stephen Oliveira）——谢谢你让拉斐特（Lafitte）把你领上了舞台，让我认识了你，谢谢你用沾满巧克力汁的草莓向我求婚，谢谢你 16 年来的善良、博爱以及对公正的不懈追求。此生与我共谋未来，一起看《每日秀》（*The Daily Show*）的，舍你其谁？